江西应用技术职业学院

新生入学教育读本

赵　薇　主编

苏 州 大 学 出 版 社

图书在版编目(CIP)数据

江西应用技术职业学院新生入学教育读本 / 赵薇主编. —苏州:苏州大学出版社, 2020. 8(2021. 7 重印)
ISBN 978-7-5672-3242-6

Ⅰ. ①江… Ⅱ. ①赵… Ⅲ. ①高等职业教育-入学教育-教材 Ⅳ. ①G718. 5

中国版本图书馆 CIP 数据核字(2020)第 113943 号

书　　名: 江西应用技术职业学院新生入学教育读本

主　　编: 赵　薇
责任编辑: 孙志涛
装帧设计: 吴　钰

出版发行: 苏州大学出版社(Soochow University Press)
出 版 人: 盛惠良
社　　址: 苏州市十梓街 1 号　**邮编**: 215006
印　　刷: 宜兴市盛世文化印刷有限公司
网　　址: www. sudapress. com
邮购热线: 0512-67480030

开　　本: 787mm × 1 092mm　1/16　**印张**: 10. 25　**字数**: 212 千
版　　次: 2020 年 8 月第 1 版
印　　次: 2021 年 7 月第 3 次印刷
书　　号: ISBN 978-7-5672-3242-6
定　　价: 35. 00 元

《江西应用技术职业学院新生入学教育读本》

编 写 组

主　　编　赵　薇

副 主 编　谢宇飞　张　薇　李征澜　李春华

参编人员　张武宏　刘康胜　吴　卫　卢　东

张　洪　刘世权　李　健　贺小雄

危　佳　李彦鹏　何　萍　胡孝贵

曾晓亮　何希纯　谢华东

前言

亲爱的新同学：

首先，祝贺你考入江西应用技术职业学院！在这里，你将迎来一个新的起点，开始学会相对独立地生活。此刻的你，心里一定对大学生活充满欣喜和期待，但同时，你是否也存在些许困惑和迷茫？希望本书能帮助你尽快适应新环境、新校园、新朋友、新学习、新生活。

本书以服务我校新生为出发点，概括了学校的基本情况和专业特点，介绍了我校独特的大学生活和校园文化，包含了我校学生学习、生活、心理健康等方面的相关知识，讲解了我校学生资助政策，收入了部分与学生密切相关的学校规章制度。

本书编写组：江西应用技术职业学院赵薇为主编，谢宇飞、张薇、李征澜、李春华为副主编，张武宏、刘康胜、吴卫、卢东、张洪、刘世权、李健、贺小雄、危佳、李彦鹏、何萍、胡孝贵、曾晓亮、何希纯、谢华东为参编人员。在编写过程中，参考了其他专家的相关著作，在此表示最衷心的感谢！由于编者的水平所限，书中难免存在疏漏之处，敬请各位专家和读者批评指正。

编者

目录

第一章 学校概况

第一节 地理环境

一、赣州的区位环境

赣州市位于江西省南部,素有“世界钨都”“稀土王国”“客家摇篮”“红色故都”之称,自古就是“据五岭之要会,扼赣闽粤湘之要冲”,东临福建三明市和龙岩市,南毗广东省梅州市和韶关市,西接湖南省郴州市,北接本省吉安市和抚州市,总面积39 379.64平方千米,占江西省总面积的23.6%。2019年年末,全市户籍总人口983.07万人,为江西省最大的行政区。赣州市是珠江三角洲、闽东南三角区的腹地,是内地通向东南沿海的重要通道,也是连接长江经济区与华南经济区的纽带。

二、学校的区位环境

江西应用技术职业学院地处江西省赣州市,现有章贡、黄金两个校区和宁都青塘、泰和苏溪两个校属实训基地,章贡校区位于江西省赣州市章贡区红旗大道27号,校园面积107亩;黄金校区位于赣州市蓉江新区文峰路9号,校园面积963亩,东临章江,西接赣南师范大学,南毗赣州高等师范专科学校,北接兴国路;宁都青塘实训基地位于宁都县青塘中心小学旁,占地10亩;泰和苏溪实训基地位于泰和县寨下镇,面积55亩。

第二节 发展历程

一、江西地质学院(1958—1962年)

1958年5月,江西省政府决定将江西工学院地质系扩建为江西地质学院,属地质类工科本科院校，校址定于赣州市红旗大道，学院归江西省教育厅及江西省地质局双重领导，首任党委书记、院长由江西省地质局局长吴甄锋兼任，学院草创时期下设地质矿产、探矿工程、地球物理勘探、水文地质及工程地质四个系，师资主要来源于北京地质学院（现中国地质大学）的教师，教育部分配的苏联、南斯拉夫留学生以及地质工作技术人员。1958年招生（专科、中专）600余名，1959年招收四年制本科生200名，1960年招收本科生300名，1960年年底在校学生达1 000余名，教职工330名，其中专职教师200名。1962年4月为贯彻国务院“调整、巩固、充实、提高”八字方针，江西地质学院奉命“下马”。

二、江西省地质学校时期（1973—1979年）

1973年2月，江西省“革委会”批准恢复成立江西省地质学校，由江西省地质局在原江西地质学院校址重建。自1978年7月开始，江西省地质学校隶属于国家地质总局管理。在恢复建设时期，学校设有地质普查找矿、地球物理探矿、水文地质及工程地质、地形测量、地图制图等专业。至1979年年底，教师人数达132名，主要来自原江西地质学院下放教师、江西省地矿局各野外技术骨干、国家分配的大学生和部分留校生。1974—1976年，学校招收三届工农兵学员共1 219名，学制2年，培训基建工程兵、水文地质普查部队水文物探学员54名。1977年、1978年，学校分别招收高中毕业生200名，学制3年。1979年，学校招收高中毕业生250名，学制2年，在校生1 066名。当时，为了贯彻“教育革命”和“开门办学”的方针，学校建立了“教学、生产、科研三结合”的教学体制。1976年，学校组建了地质普查队，下设地质普查分队和水文分队，在1976—1979年之间，师生进行野外教学生产实习，完成1∶200 000区域地质测量7 400km^2，1∶50 000区域地质调查及综合手段找矿277km^2，1∶50 000宁乡式铁矿普查800km^2。1975年，学校师生在赣州首先发现恐龙化石，1978年，学校师生对赣西南、赣东北奥陶纪笔石动物群及奥陶系划分的研究取得重大成果，在国内外相关研究中处于领先地位。

三、赣州地质学校时期（1979—1994年）

1979年3月，国家地质总局批准“江西省地质学校”更名为“赣州地质学校”，隶属国家地质总局（地质矿产部）管理，学校步入稳定发展的辉煌时期，学校设有地质调查与找矿、地球物理勘探、水文地质与工程地质、岩矿（工业）分析、财务会计、计算机及应用、电子技术应用、公关文秘、工程测量9个专业，截至1993年9月底，学校在校生1 466名，培训学员528名，教职工296名，专职教师126名，资产总值1 326.2万元，教学仪器设备1 780台（件），328个实验实训室。学校地质陈列馆于1984年建成并对外开放。教师教学科研成果卓著：肖承协教师对中国古生物中的笔石研究造诣高深，在中国古生物学界享有“肖笔石”之称；学校地质队承担的国家“青塘1∶50 000区域地质调查测试”项目被评为优秀成果。学生备受社会赞誉，一大批学生志愿到西藏、新疆工作。1989 年，学校成立测试研究所；1993 年，学校在校劳动服务公司的基础上成立了立达科技开发总公司，产教结合发展校办企业。1993 年 8 月，江西省人民政府授予学校“省部级重点中专校”称号；1994 年，经国家教委批准，学校被评为国家级重点中专校。

四、南方工业学校时期(1994—2002 年)

1994 年 10 月，地质矿产部批准“赣州地质学校”更名为“南方工业学校”，隶属于地质矿产部管理。2001 年转归江西省国土资源厅管理，南方工业学校时期是学校转型发展期。为了适应市场需求，学校进行了专业调整，在原来 5 个地矿类专业的基础上开发了 14 个新专业，初步形成了地矿类、机电类、城建类、应化类、经管类、文秘类六大专业系列，构成了以工为主，工、经、管、文多专业综合发展，中专、大专并行的格局。根据市场需求，学校与山东枣庄经济干部职工中专学校等十余个单位联合办学，2000 年 9 月，学校在校生人数近 5 000 名(含成人班和校外办学点学生)，校本部在校生 3 420 名，教师 236 名。根据人才市场需求，学校加强实践教学，制定并执行“准学分制管理办法”，一凭多证，强化考核，毕业生得到用人单位的好评。2000 年，学校再次被教育部评为国家级重点中专校。

五、江西应用技术职业学院时期(2002 年至今)

2002 年 4 月，江西省人民政府批准“南方工业学校”升格为“江西应用技术职业学院”。学校占地 1 262 亩，校舍面积 48.6 万平方米，学校总资产 8.97 亿元，实验实训设备总价值 1.1 亿元以上，图书馆藏书 81 万册，建有国家职业技能鉴定所，具有 33 种职业岗位技能鉴定资格。现有资源环境与珠宝学院、汽车学院、机械与电子工程学院、信息工程学院、建筑工程学院、测绘地理信息学院、财经与商务学院、材料工程学院、设计工程学院、社会管理学院和军事体育教学部 11 个教学机构，全日制在校生 1.26 万名。2009 年，学校被确立为江西省首批示范性高职院校；2010 年，学校入选国家百所骨干高职学院，跻身全国百强；2014 年，学校成为江西省首批应用技术型本科试点院校；2015 年，学校入选全国百所现代学徒制试点高职院校。学校是教育部高职高专人才培养工作水平评估和江西省高校毕业生就业工作评估“双优学校”。2013—2017 年连续 5 年学校被评为江西省高校平安校园示范学校；2015 年，学校获评“全国国土资源管理系统先进集体”；2016 年，学校获评“全国高等职业院校服务贡献 50 强”、“中国职业教育就业百强”、江西省第十四届文明单位、国家优质高职院校建设立项单位；2017 年，学校在中国高等教育学会发布《2017 年全国普通高校竞赛评估结果(高职)》中排名全国第 19 位、江西省第 1 位；在“《广州日报》全国高职高专排行榜”(国内 1 358 所高职高专被纳入评价体系)中列全国第 29 名、江西省第 2 名；2018 年，学校入选江西省高水平高等职业院校建设项目立项单位和省财政支持建设立项单位；2018 年，学校成为江西全省唯一荣获“第六届黄炎培职业教育奖”优秀学校奖的高校；2019 年，学校被教育部认定为“国家优质专科高等职业院校”。

第三节　办学理念

江西应用技术职业学院秉承“厚德、尚学、强技、笃行”的校训，弘扬“艰苦奋斗、勇于攀登、开拓创新、追求卓越”的精神，坚持“以服务为宗旨，以就业为导向，以质量求生存，以创新促发展，以特色树品牌”的办学理念，形成爱生爱教、行为世范的教风，知行合一、求真务实的学风，敬业爱岗、清正廉洁的政风。

第四节　办学条件

一、基础设施

江西应用技术职业学院校园占地 1 262 亩，校园环境优美，校舍面积 48. 6 万平方米，学校总资产 8. 97 亿元，实验实训设备总价值 1. 1 亿元以上。学校建有 2 个国家级职业教育实训基地，2 个国家级师资培训基地，10 个省级实训基地，22 个校内实训中心，149 个实验实训室，128 间网络多媒体教室，229 个校企合作建设的校外实训基地，数字校园、安防系统功能完善，教学、生活设施齐全。

二、师资队伍

学校现有在职教职工近 1 000 名，专职教师 662 名，其中具备副高及以上职称的教职工 192 名，教授 52 名，博士 18 名。双师率达 95. 85%，现有 1 支国家级教学团队，3 支省级教学团队；1 名国家高层次人才特殊支持计划教学名师，1 名国家级教学名师，4 名江西省高校中青年学科带头人，6 名省级教学名师，28 名江西省高校中青年骨干教师，30 多人在省部级学术团体中担任重要职务；学校还特聘了一批生产管理一线的专家和能工巧匠来校任教。教师获职业教育国家教学成果奖 3 项，省级教学成果奖 8 项，获全国信息化教学能力大赛二等奖 5 项，主持国家自然科学基金项目 1 项，参与国家自然科学基金项目 3 项。

三、教育教学

学校形成了以国土资源类专业为特色，以工科为主体，兼顾经济、管理、服务等其他门类的专业体系。现有应用技术型本科试点专业3个，专科专业47个。其中中央财政支持的重点专业6个，省财政支持的重点专业6个，省级示范专业5个，省级特色专业6个，国家级、省级现代学徒制专业5个。

为适应高职教育要求，学院组织了基于工作过程系统化的课程改革，重构课程体系，完善了教学做一体化、学训赛相衔接的教学模式。现有2门国家精品课程，2门国家精品资源共享课程，39门省级精品资源共享课程，2门教育部教学指导委员会精品课程，6门省级精品在线开放课程，46门校级精品资源共享课程，上网课程数106门，12本国家规划教材，数字资源量30 000GB。参与建设国家专业教学资源库4个。

学校建立了2个国家级职业教育实训基地，2个国家级师资培训基地，2个教育部“提升专业服务产业发展能力项目”，1个教育部职业教育合作项目，4个省级人才培养模式创新实验区，2个省级实训基地，22个校内实训中心，149个实验实训室，229个校企合作建设的校外实训基地。学校坚持走产学研结合之路，成立了立达科技开发总公司、测试研究所、国土资源勘察规划院三大校办企业。学校联合200余家政府机关、企事业单位、科研院所和国外办学机构，成立合作发展理事会，与一大批企事业单位深度融合，牵头成立“江西省国土资源职业教育集团”，与深圳讯方技术股份有限公司共建混合所有制性质的“讯方技术学院”，学校集团化、多元化办学取得重大突破。

学校注重学生职业技能的培养，学校师生连年在国赛、省赛中摘金夺银，在全国“互联网+”大学生创新创业大赛上获1次银奖、3次铜奖，全国职业院校技能大赛综合成绩在全国名列前茅，2019年获全国职业院校技能大赛高职组团体一等奖1项、二等奖3项、三等奖5项。数学建模全国领先，2019年再次斩获全国大学生数学建模竞赛专科组最高奖“高教社杯”。全国大学生数学建模竞赛举办28年来，江西应用技术职业学院是江西高职院校中唯一获得过“高教社杯”的学校，也是江西高职院校中在全国获最高奖数量最多的学校，而且在全国同类院校中是获全国一等奖、国家级奖项数量最多的学校。历经十六载积淀，学校已成为全国数学建模竞赛专科组当之无愧的“领头羊”。

四、保障能力

学校以学生为本，进一步完善“家庭困难学生资助体系”“毕业生就业服务体系”“双困生援助计划”，严格规范评选发放国家奖学金、国家励志奖学金、中职助学金、特困生补贴、校企合作专项奖学金，每年为困难学生提供100多个勤工助学岗位。2019年共计资助学生62 907人次，资助金额达2 245.84万元。

第五节　特色文化

学校肇基于1958年创建的江西地质学院，60余年地质教育薪火相传，坚韧厚重的地勘文化深深烙印在学院的肌体中，构成学院的主体文化特征，从野外登山地质找矿衍生而来的攀岩竞技是地勘文化在学院绽放的文化奇葩，集中体现了“艰苦奋斗、勇于攀登、开拓创新、追求卓越”的学院精神。学院地处赣南，区域特有的红色文化、客家文化浸润学院的每一个空间，体现在学院的方方面面，苏区人民追求理想、甘于奉献的精神，客家人开疆拓土、勤劳勇敢的品性，潜移默化地熏陶着一代代师生，形成了融地勘文化、红色文化、客家文化、攀岩文化于一体的校园特色文化。

第六节　校园风光

图1-1　学校大门

图 1-2　中央大道

图 1-3　行政大楼

图 1-4　东教学楼群

图 1-5　西教学楼群

图 1-6　东实训楼

图 1-7　西实训楼

图 1-8　图书馆

图 1-9　学术报告厅

图 1-10 名人雕塑

图 1-11 地质园

图 1-12　地质博物馆

图 1-13　田径运动场

图 1-14　篮球场

图 1-15　学生公寓

图 1-16　学生食堂

图 1-17　中央广场

图 1-18　校运会

第二章 学校专业介绍

1. **地质调查与矿产普查**（国家骨干高职学院重点建设专业、江西省高校专科示范专业、江西省特色专业、江西省人才培养模式创新实验区）

核心课程：普通地质（国家精品课程）、矿物鉴定（省级精品课程）、岩石鉴定、地层古生物、构造地质、矿床地质（省级精品课程）、固体矿产勘查技术

核心能力：矿产资源勘查、基础地质调查、矿产资源管理

就业岗位：矿产资源勘查员、地质调查员、矿产资源管理员

就业区域：江西、福建、浙江、广东等省以及"一带一路"沿线国家

2. **水文与工程地质**（国家骨干高职学院重点建设专业、江西省特色专业、江西省人才培养模式创新实验区、教育部现代学徒制试点专业）

核心课程：岩土工程勘察、水文地质勘查、地基处理、GIS制图、岩土室内检测

核心能力：岩土工程勘察设计、水资源勘察与评价、工程监理和监测

就业岗位：交通工程勘察员、工程建筑勘察员、市政工程勘察员、城市地质调查员

就业区域：广东、浙江、上海等省市及"一带一路"沿线国家

3. **宝玉石鉴定与加工**（中央财政支持的提升专业服务产业发展能力项目、第45届世界技能大赛江西选拔赛竞赛集训基地、教育部现代学徒制试点专业）

核心课程：宝石基础、宝石鉴定、钻石分级、黄金首饰设计、首饰制造技术、花丝工艺

核心能力：宝玉石鉴定、钻石分级、首饰设计与制造

就业岗位：珠宝鉴定师、珠宝首饰制作师、产品策划美工师、高级珠宝顾问

就业区域：北京、上海、广东、福建等省市

4. **国土资源调查与管理**（教育部现代学徒制试点专业）

核心课程：普通地质（国家精品课程）、矿物鉴定（省级精品课程）、构造地质、

矿产资源管理、矿产资源法律法规、执法监察

核心能力：矿产资源调查、矿产资源行政管理

就业岗位：矿产资源管理员、地质调查技术员

就业区域：立足江西，面向全国

5. 岩土工程技术

核心课程：土质学与土力学、岩土工程勘察、岩土工程施工技术、施工项目监理、钢筋混凝土结构

核心能力：岩土工程勘察与设计、工程设计与施工

就业岗位：主要面向工业与民用建筑、铁路建设、港口、交通、能源、水利水电等领域从事岩土工程勘察、工程设计、施工管理、监理、监测等

就业区域：立足江西，面向全国

6. 汽车检测与维修技术（中央财政支持的提升专业服务产业发展能力项目、教育部现代学徒制试点专业、中德诺浩合作专业）

核心课程：汽车发动机机械系统检修、汽车底盘机械系统检修、汽车电器系统检修、汽车发动机电控系统技术、汽车底盘电控系统技术、汽车性能检测技术、汽车综合故障诊断

核心能力：汽车机械系统检修、汽车维护保养、汽车性能检测、汽车故障诊断

就业岗位：汽车机电维修、汽车性能检测、汽车故障诊断、汽车技术服务、汽车营销、二手车鉴定、汽车保险理赔

就业区域：北京、江西、福建、长三角地区、珠三角地区等

7. 新能源汽车技术

核心课程：新能源汽车充电系统、新能源汽车高压安全、新能源汽车电池及管理系统检修、新能源汽车电机及控制系统检修、新能源汽车控制系统检修、新能源汽车综合性能检测、新能源汽车综合故障诊断

核心能力：新能源汽车保养与维修、新能源汽车电子检测与维修、新能源汽车动力电池管理及维护、新能源汽车性能检测

就业岗位：新能源汽车检测与维修、新能源汽车制造与装配、新能源汽车销售、新能源汽车技术服务与管理

就业区域：北京、江西、福建、长三角地区、珠三角地区等

8. 汽车电子技术（智能技术方向）

核心课程：汽车电路分析与检修、汽车电气设备构造与维修、汽车传感器技术、汽车单片机技术、汽车车载网络技术、汽车智能电子产品装调、汽车综合故障诊断、汽车安全与舒适系统

核心能力：汽车电控系统检测与维修、汽车电子产品检测与开发、汽车车载网络故障检测与维修、汽车智能电子产品安装与调试

就业岗位：汽车电控系统检测与维修、汽车电子产品设计与开发、汽车车载网络故障检测与维修、汽车智能电子产品安装与调试、车联网产品应用、汽车技术服务管理

就业区域：北京、江西、福建、长三角地区、珠三角地区等

9. 智能交通技术运用

核心课程：智能交通系统概论、车载电子设备安装与调试、单片机技术应用、交通信息采集与处理、汽车智能传感器技术、智能交通 GPS 技术、智能交通电子设备安装与调试、智能网联汽车技术、监控系统集成与维护、智能交通技术及应用

核心能力：汽车智能终端电子产品安装与调试、智能交通系统的安装与维护、智能交通集成系统的使用与维护、监控系统软件开发和硬件设备安装与维护

就业岗位：智能交通系统安装与维护、交通领域智能产品装配与调试、交通集成控制系统安装与维护、交通智能产品销售与售后服务、智能网联汽车技术应用、监控系统软件开发和硬件设备安装与维护等

就业区域：北京、江西、福建、长三角地区、珠三角地区等

10. 机械制造与自动化

核心课程：机械制图与计算机绘图、电工与电子技术、公差配合与技术测量、机械制造基础、机械设计基础、机械制造技术、数控编程与操作、液压与气压传动、CAD/CAM 软件应用、逆向工程与快速成型、3D 测量与 3D 打印、电气控制与 PLC、传感与检测技术、电工技术实训、典型零部件测绘实训、金工实训、机械设计实训、数控编程和操作实训、PLC 应用实训、CAD/CAM 综合实训

核心能力：机械设计与制造应用、数控编程和数控机床操作、计算机辅助设计与制造（CAD/CAM）应用、自动化技术应用

就业岗位：机械制造工艺编制与产品设计、数控编程与数控机床操作、计算机辅助设计与制造、3D 打印技术应用

就业区域：北京、江西、福建、长三角地区、珠三角地区等

11. 数控技术（国家骨干院校重点建设专业、江西省高校特色专业）

核心课程：机械制图与计算机绘图、电工与电子技术、公差配合与技术测量、机械制造基础、机械设计基础、机械制造技术、数控加工工艺编制与实施、典型车削零件的数控编程与加工、典型铣削零件的数控编程与加工、CAD/CAM 软件应用、数控机床的故障诊断与排除、数控机床控制系统安装与调试、电工技术实训、典型零部件测绘实训、金工实训、数控编程和加工实训、数控加工综合实训、数控设备维修综合实训、CAD/CAM 综合实训

核心能力：机械制造技术应用、数控技术应用、计算机辅助设计与制造（CAD/CAM）应用、电气控制技术应用

就业岗位：数控工艺编制与数控编程、数控机床操作与维护、数控机床的安装调试与故障诊断、计算机辅助设计与制造

就业区域：北京、江西、福建、长三角地区、珠三角地区等

12. 模具设计与制造

核心课程：机械制图与计算机绘图、电工与电子技术、公差配合与技术测量、机械制造基础、机械设计基础、机械制造技术、数控机床编程与操作、冲压模具设计与制造、塑料成型工艺与模具设计、模具 CAD/CAM 软件应用、模具制造工艺学、先进制造技术、电工技术实训、模具钳工实训、典型零部件测绘实训、金工实训、冲压模具与塑料模具实训、数控编程和操作实训、模具加工综合实训、模具 CAD/CAM 综合实训

核心能力：机械设计与制造应用、数控机床编程和操作、模具 CAD/CAM 应用、模具制造技术应用

就业岗位：冲压模具设计与制造、塑料模具设计与制造、数控机床编程与操作、模具计算机辅助设计与制造

就业区域：北京、江西、福建、长三角地区、珠三角地区等

13. 机电一体化技术

核心课程：机械制图与计算机绘图、电子电路分析与应用、机械设计基础、机械制造技术、数控编程与操作、单片机应用与接口技术、气动与液压技术、电机及控制技术、电气控制与 PLC、变频技术、数控机床故障诊断与维修、电工电子实训、数控编程和操作实训、单片机技术实训、PLC 技术实训、自动化生产线安装与调试实训、机电一体化综合实训

核心能力：机械零件精加工、机械 CAD 与 Pro/E 设计、机床气动液压设计、单片

机及PLC设备编程设计、数控机床、电气设备的组装调试

就业岗位：机电产品设计与生产、机电设备安装与调试、机电设备维护与管理、机电设备营销

就业区域：北京、珠三角地区、长三角地区等

14. 电子信息工程技术（国家骨干院校重点建设专业、国家级教学团队、国家级教学名师、高职院校骨干教师国家级培训基地、江西省高校专科示范专业、江西省特色专业、江西省人才培养模式创新实验区）

核心课程：电路分析基础、电子电路分析与应用、高频电子线路、电子测量及自动检测技术、传感器原理及应用、电子设计自动化、网络技术、电子CAD、电子产品工艺、SMT技术、单片机原理及应用、LED应用技术、嵌入式系统应用、C语言程序设计、可编程控制器、电子技能实训、通信技术实训、音视频技术实训

核心能力：电子设计与制作、电子产品使用与维修、机电产品信息化处理与智能控制、嵌入式小系统调测与维修

就业岗位：电子产品设计制作、电子产品技术服务与营销、电子信息装备制造业基层管理

就业区域：北京、珠三角地区、长三角地区等

15. 工业机器人技术专业

核心课程：电工电子技术、C语言程序设计、单片机原理与接口技术、工业机器人现场编程、机械制造技术、电机及拖动基础、电气控制与PLC、液压与气动技术、机器人自动线安装调试与维护、工业机器人操作实训

核心能力：工业机器人操作和控制规则及机器人现场程序编制、机器人现场安装和故障检测及维修维护、一般机械产品及机械加工工装夹具的设计、普通机床和数控机床的操作

就业岗位：各种生产机械电气控制系统的运行、维护，工业企业生产现场机器人设备的操作、维护与技术改造，自动控制系统的安装、调试以及局部设计，机器人设备的安装、调试以及局部设计

就业区域：北京、珠三角地区、长三角地区等

16. 软件技术（江西省高校专科示范专业）

核心课程（Java开发方向）：面向对象Java程序设计、基于JSP/Servlet/JavaBean的Web应用开发、使用jQuery或Ajax等Web前端开发、SSH框架应用开发、基于Java EE

企业级应用开发、Android 移动应用开发

核心课程（. NET 开发方向）：C 语言程序设计、WPF 程序设计、ASP. NET 程序案例设计与开发、. NET Framework 程序设计、WindowsPhone 开发、JavaScript 等前端技术

核心能力：软件设计、软件开发、软件测试、软件部署

就业岗位：Java（. NET）程序员、软件外包服务、网站设计与开发、软件技术支持、Web 前端开发

就业区域：北京、珠三角地区、长三角地区等

17. 计算机应用技术（专科，讯方订单班）

（1）云计算方向

核心课程：云计算技术应用、云计算的大数据和网络技术（Oracle 数据库应用）、移动云计算应用与开发、虚拟化技术应用与实践、分布式系统架构与实践、Android 系统基础开发、网络数据标识与传输 Ajax-xml/json

核心能力：常用云计算技术的应用、移动云计算应用的软件开发、云计算相关软件的设计与开发及测试和维护能力、网络或数据库处理

就业岗位：软件工程师、云计算销售、云计算顾问、云网络工程师、云产品经理助理、云产品经理、云系统管理员、虚拟化管理员、虚拟化维护人员等

就业区域：北京、珠三角地区、长三角地区等

（2）大数据方向

核心课程：Linux 操作系统、Java 程序设计、数据存储、Hadoop 生态系统及开发、Scala 编程、Spark 大数据处理、Python 数据分析基础、数据分析与挖掘、大数据综合项目实战

核心能力：大数据平台安装与部署及维护等、分布式数据仓库平台与海量数据批处理平台及实时数据处理平台等开发、数据搜集与建模及处理、数据挖掘、数据分析、支持产品运营和决策等

就业岗位：大数据运行与维护工程师、大数据开发工程师、大数据分析与挖掘工程师、数据清洗工程师、大数据产品经理、大数据售前技术支持等

就业区域：北京、珠三角地区、长三角地区等

（3）信息系统维护与管理方向（以华为产品为主线）

核心课程：云计算技术与应用、中小型数据库管理与应用、Java 程序设计、网站设计与开发、中小企业组网、Linux 操作系统桌面管理、网络设备管理与配置

核心能力：网络管理与维护、信息系统维护与管理、网站设计与开发

就业岗位：网络管理与维护、网站设计员、软件开发员、计算机硬件维护员、计算

机系统维护员

就业区域：北京、珠三角地区、长三角地区等

18. 计算机网络技术（专科，讯方订单班）

（1）网络安全方向（以华为产品为主线）

核心课程：网络安全与管理、Linux 操作系统、Windows 应用服务器配置与安全管理、攻击与防范、信息安全系统评测、防火墙与 VPN 配置及管理、数据备份与恢复技术、应用密码技术

核心能力：网络设备安全配置与管理、系统加固、数据备份与恢复、系统安全评测

就业岗位：数据恢复工程师、信息安全工程师、网络安全管理员、信息安全风险检测和评估师

就业区域：北京、珠三角地区、长三角地区等

（2）移动通信技术方向（以华为产品为主线）

核心课程：华为下一代网络（NGN）技术、华为 IP 数据通信技术、华为宽带接入技术、光纤通信技术、华为 SDH 光传输技术、4G 通信技术、TD 原理及优化、LTE 原理及优化

核心能力：移动通信网络设计与施工、移动通信网络优化、移动通信系统相关设备管理与维护

就业岗位：助理通信工程师、通信监理工程师、网优工程师、移动通信网络设计与施工工程师

就业区域：北京、珠三角地区、长三角地区等

19. 移动互联应用技术（专科，讯方订单班）

核心课程：HTML5 程序设计、移动应用 UI 设计与制作、Android 应用开发、Android 游戏开发、苹果 iOS/Windows Phone 应用开发、Java Web 开发技术，Java EE 程序设计、移动互联网实践、移动应用综合项目开发

核心能力：移动应用程序管理与维护、移动终端应用 UI 设计、移动应用程序设计与开发

就业岗位：移动终端软件设计与开发、移动终端 UI 设计、手机游戏开发、微信平台应用开发与企业推广、移动互联应用软件维护与测试及销售与技术支持

就业区域：北京、珠三角地区、长三角地区等

20. 物联网应用技术（专科，讯方订单班）

核心课程：C 语言单片机开发、WPF 程序设计、传感器技术、嵌入式系统技术、

RFID技术与应用、物联网应用系统开发、物联网工程设计与实施、Android物联网应用开发

核心能力：物联网工程项目设计与工程施工、物联网底层开发、物联网上位机（PC和移动端）开发

就业岗位：嵌入式开发工程师、物联网应用开发工程师、物联网工程销售工程师、物联网系统集成工程师

就业区域：北京、珠三角地区、长三角地区等

21. 建筑工程技术（教育部首批现代学徒制试点专业）

核心课程：工程制图、建筑材料、建筑力学、房屋建筑学、建筑工程施工、施工组织设计、钢筋混凝土与砌体结构、工程监理、建设法规

核心技能：施工现场管理、施工现场监理、编制专项施工方案、编制施工组织设计、建筑放线、竣工图绘制、钢筋放样

就业岗位：施工员、安全员、材料员、质量员、劳务员、机械员、标准员、资料员等

就业区域：广州、东莞、宁波、深圳、珠海、佛山、南京、南昌、赣州等

22. 道路桥梁工程技术

核心课程：道路工程制图、道路工程材料、工程测量、土力学与地基基础、路基路面工程、桥梁工程、道路勘测设计、路桥施工技术、公路工程施工组织及预算、公路工程检测等

核心能力：工程施工管理、技术管理、施工进度管理、工程质量监理等

就业岗位：道路与桥梁施工、勘测设计及预算、工程检测、质量监督与监理等

就业区域：上海、广州、深圳、厦门、成都、吉安、赣州等

23. 工程造价（江西省高校专科示范专业、应用技术型本科联合培养试点专业）

核心课程：建筑制图与识图、房屋建筑学、工程建设定额、土建工程预算、装饰工程预算、安装工程预算、钢筋算量、工程量清单计价、工程造价管理、招投标及合同管理、工程结算与审计等

核心能力：招投标管理、工程量清单编制、招标控制价及要约价编制、施工图预算、工程结算编制等

就业岗位：工程预决算、工程招投标、工程成本分析、工程咨询、工程监理以及工程造价管理等

就业区域：北京、上海、广州、深圳、南京、南昌、赣州等

24. 建筑智能化工程技术

核心课程：建筑设备工程制图识图、电工电子技术、建筑 CAD、计算机网络基础、信息系统与综合布线、楼宇智能化技术基础、建筑电气控制与 PLC 应用、信号与传感器、楼宇设备自动控制技术、安防系统工程、建筑供配电与照明、火灾自动报警系统施工、建筑节能、楼宇智能化工程造价等

核心能力：建筑智能化设备安装施工、建筑智能化设备运行与维护、智能楼宇设备故障判断处理、建筑智能化各系统设备与产品的选型、楼宇设备备品配件管理与更新、安防系统安装施工、安防系统调试与维护

就业岗位：建筑设备安装施工企业、建筑消防工程公司、安防工程公司、建筑智能化系统集成公司、网络工程公司、房地产开发公司、造价咨询公司、建筑设计院、监理公司、物业管理公司等

就业区域：北京、上海、广州、深圳、南京、南昌、赣州等

25. 城市轨道交通工程技术

核心课程：土质与土力学、工程测量、工程地质、道路建筑材料、基础工程、隧道施工技术、地铁车站施工、盾构施工技术、地下工程防水技术等

核心能力：地铁与隧道工程测量放线、地铁与隧道工程 CAD 绘图、工程地质勘查及土工试验检测、道路材料试验检测、地铁与隧道施工技术管埋

就业岗位：施工员、试验检测员、工程测量员、资料员、安全员、监理员、质检员等

就业区域：上海、广州、深圳、福建、厦门、吉安、南昌、赣州等

26. 工程测量技术（国家骨干院校重点建设专业、江西省高校专科示范专业、江西省特色专业、江西省优秀教学团队）

核心课程：测量技术（教育部测绘地理信息教指委精品课程、省级优质课程）、控制测量技术（省级精品课程、省级精品资源共享课程）、地籍与房产测绘（省级精品资源共享课程）、摄影测量与遥感、工程测量、数字测图技术（省级精品资源共享课程）

核心能力：控制测量、地形地籍测绘、摄影测量与遥感、工程测量、测绘仪器软件销售

就业岗位：地形测量、控制测量、工程测量、摄影测量与遥感、地籍与房测绘、GIS 应用工程、项目施工与工程监理

就业区域：上海、广东、浙江、江苏等

27. 摄影测量与遥感技术（无人机技术方向）

培养目标：面向测绘地理信息、国土、规划、交通、公安等领域从事无人机操控，航空摄影，航测4D产品生产，倾斜摄影测量三维建模，国土卫片执法监测、地理国情监测等工作的摄影测量与遥感技术技能人才

核心课程：无人机操控、摄影测量基础、航空摄影、摄影测量4D产品生产、遥感技术

核心能力：无人机操控、野外航空摄影测量、航测4D产品生产、国土资源卫片判读

就业岗位：无人机操控员、野外航空摄影测量师、航测4D产品生产师、倾斜摄影测量三维建模师、国土卫片执法监察及相关地理国情监测师等

就业区域：上海、广东、浙江、江苏、江西等

28. 测绘地理信息技术

核心课程：基础地理信息数据采集、GIS原理与方法、地理信息数据建库、地理信息三维建模、电子地图制作

核心能力：地理信息数据采集、GIS数据处理与建库、地理信息三维建模、电子地图制作

就业岗位：地理信息数据采集员，地理信息数据处理建库师，地理信息数据三维建模师，导航地图、互联网地图制作员等

就业区域：上海、广东、浙江、江苏、江西等

29. 地籍测绘与土地管理

核心课程：土地信息数据采集、GIS技术、土地信息数据建库、不动产调查与登记、土地利用规划、不动产评估

核心能力：土地信息数据采集、GIS数据处理与建库、不动产调查与登记、土地利用规划、不动产评估

就业岗位：土地信息数据采集员、不动产信息数据处理与建库师、不动产调查员、土地利用规划师、不动产评估师、土地管理员等

就业区域：上海、广东、浙江、江苏、江西等

30. 会计

核心课程：基础会计实务、企业纳税筹划实务、财务会计实务、经济法、成本会计

实务、审计实务、财务管理实务、EXCEL财务运用实务、会计电算化实务、统计学原理、管理会计、企业管理

就业岗位：在会计师事务所等中介机构从事审计业务、会计咨询和服务业务，在各类企事业单位从事出纳、会计、电算化会计系统的维护、开发设计及销售等工作，在各企业事业单位从事统计工作

就业区域：上海、广东、江苏、江西等

31. 物流管理

核心课程：现代物流概论、采购管理、仓储管理与库存控制、物流配送管理、物流与供应链管理、第三方物流、物流与电子商务、国际物流管理、国际贸易、物流中心设计与管理、物流成本管理、物流客户关系管理、企业管理

就业岗位：主要面向生产企业、运输企业、大型超市、仓库、港口、配送中心、物流中心、海关、外贸企业以及其他流通企业，从事物流管理工作

就业区域：上海、广东、江苏、江西等

32. 市场营销

核心课程：市场营销学、消费者行为学、营销策划、现代推销理论与技巧、市场调查与预测、公共关系学、销售管理、分销管理、广告原理与实务、网络营销、现代企业管理

就业岗位：主要从事市场营销调研、产品销售、市场营销战略的制定与实施及控制、商务策划与管理、广告策划与管理工作

就业区域：上海、广东、江苏、江西等

33. 电子商务

核心课程：电子商务概论、网货拍摄、网店美工、电商运营与推广、网店客服、数据化营销、视觉设计营销、网页设计与制作、网站建设、网络数据库

就业岗位：电子商务员、助理电子商务师、网络营销员、网站管理员、网站建设和维护员、网页设计与制作师等

就业区域：上海、广东、江苏、江西等

34. 酒店管理

核心课程：导游业务、现代饭店管理、菜点酒水管理、餐饮服务管理、前厅客房服务管理、酒店职业英语、旅游基础知识、中外礼仪、旅游法规与案例分析、公共关系、酒店营销学、旅游学概论、酒店心理学、会展服务、形体训练、酒店人力资源管理

就业岗位：酒店前厅、客房、餐饮服务及管理，风景区、度假村服务及管理，旅游行政管理

就业区域：上海、广东、浙江、江苏、江西等

35. 工业分析技术（国家骨干院校重点专业，专业技能实力全国排名前三，连续多年获全国职业院校技能大赛一等奖）

核心课程：化验基本操作、仪器分析、化工产品检验、岩石矿物分析、食品药品检验技术、化验室组织与管理等

核心能力：岩矿分析、食品药品检验、化工产品分析、实验室组织管理等

就业岗位：主要面向地矿局、质检局、出入境检验检疫局、环保局、食品药品检测中心、食品药品第三方检测机构、各大中型化工与制药公司检测中心等单位，从事化验、质检、品管、生产管理、化学药品与分析仪器销售等工作

就业区域：上海、广东、浙江、江苏、江西等

36. 药品生产技术

核心课程：药物合成、药物分析、药物制剂技术、生物制药技术、制药工程设备、制药企业管理、药事法规等

核心能力：药物合成、药物制剂、制药单元操作、药品分析与检测等

就业岗位：主要在各级食品药品监督管理局、药品检验部门、大中型药品生产企业（含化工企业）、药物研究院所、医药公司、医药批发连锁店、医院药房等单位，担任药剂师、药物制剂工、药品 GMP 内审员、药品检验员、药品注册师等

就业区域：上海、广东、浙江、江苏、江西等

37. 食品营养与检测

核心课程：食品营养学、农产品质量安全检测、食品理化检验、食品储藏技术、烤焙食品工艺学等

核心能力：食品检验、农产品质量安全检测、公共营养服务管理等

就业岗位：主要在食品药品质量监督部门、进出口检验检疫部门、国家各级农产品

质量安全检测站所、卫生防疫部门、食品加工流通企业、大中型食品企业、农产品加工业、餐饮行业等单位工作

就业区域：上海、广州、深圳、南昌、赣州等

38. 环境规划与管理

核心课程：环境生态学、环境规划、环境监测、环境污染治理、环境质量评价、环境经济学、环境管理等

核心能力：环境监测、环境影响评价、环境治理、环境规划等

就业岗位：主要在国家各级环保单位、环境监测的第三方监测机构、环境咨询服务企业、生产企业的分析检测部门、各类单位的环境管理部门等单位工作

就业区域：上海、广州、深圳、南昌、赣州等

39. 建筑室内设计

核心课程：手绘表现、室内设计制图、CAD 工程制图、3D MAX 效果图、材料与工艺、居住空间设计、商业空间设计、装饰工程造价

核心能力：手绘表现、CAD 工程制图、3D MAX 效果图制作、室内空间设计

就业岗位：室内设计师、室内装饰工程师、装饰工程管理员、装饰工程施工员、CAD 工程制图员

就业区域：上海、广州、深圳、南昌、赣州等

40. 室内艺术设计

核心课程：造型基础、手绘表现、装饰图案、CAD 工程制图、3D MAX 效果图、方案设计、软装陈设设计、居住空间设计、商业空间设计

核心能力：手绘表现、CAD 工程制图、3D MAX 效果图制作、软装设计、室内空间设计

就业岗位：室内软装设计师、室内装饰工程师、室内装饰制图员

就业区域：上海、广州、深圳、南昌、赣州等

41. 动漫制作技术

核心课程：造型设计基础、动画设计基础、图形图像软件、三维动画软件、动漫角色场景造型设计、动画后期制作技术、动画短片设计制作、游戏美术设计制作

核心能力：游戏美术设计、三维建模设计、三维动画设计

就业岗位：游戏原画设计师、角色设计师、场景设计师及三维建模师、三维动画师

就业区域：上海、广州、深圳、南昌、赣州等

42. 数字媒体应用技术

核心课程：造型设计基础、图形图像处理软件、标志与企业形象设计、广告设计与制作、包装设计与制作、网页设计基础、数字音视频特效剪辑制作、影视广告后期制作

核心能力：图形图像处理、影视广告设计制作、音视频特效剪辑制作、网页美工设计制作、产品品牌设计

就业岗位：平面设计师、音视频剪辑师、网页设计师、数字影视制作员

就业区域：上海、广州、深圳、南昌、赣州等

43. 商务英语（跨境电商）

核心课程：国际商务英语口语、国际商务单证、国际商务函电、国际贸易实务、电子商务实务、跨境电商多平台运营、速卖通实务等

核心能力：英语语言沟通、国际贸易业务、商务单据缮制、跨境电商平台实际操作

就业岗位：外贸业务员、跨境电商平台运营员、涉外商务代理等

就业区域：上海、江苏、浙江、珠三角地区等

44. 学前教育

核心课程：学前卫生学、学前心理学、学前教育学、五大领域（幼儿语言、科学、健康、社会、艺术教育）、艺术（声乐、琴法、舞蹈、绘画、手工）、幼儿游戏理论与设计、幼儿园管理、演讲与口才、蒙台梭利教学法等

核心能力：游戏活动组织、教育活动实施、文学艺术、生活保育、激励与沟通等

就业岗位：公办、民办幼儿园教师，早教机构、青少年活动中心和教育行政部门等组织机构的教师，幼儿教育管理工作者

就业区域：上海、江苏、浙江、赣州、珠三角地区等

45. 社会体育

核心课程：攀岩运动、户外运动、健美操、健身健美运动、运动解剖学、运动生理学、学校体育学、社会体育概论、体育营销学、体育经济学、体育管理学、定向运动、户外拓展、啦啦操运动、街舞运动、游泳等

核心能力：社区体育服务与管理，体育俱乐部经营开发，攀岩运动、户外运动、健美操、健身健美运动等技术指导与组织

就业岗位：体育俱乐部高级教练、社区体育教练员、中小学教师、企事业单位健身

指导员、中小型体育企业业主

就业区域：上海、江苏、浙江、珠三角地区等

图 2-1 水文剪切实训室

图 2-2 宝玉石鉴定实训室

图 2-3　玉雕实训室

图 2-4　汽车综合实训室

图 2-5 汽车故障诊断实训中心

图 2-6 汽车发动机实训中心

图 2-7　汽车营销实训中心

图 2-8　汽车故障诊断实训

图 2-9 数控加工实训中心

图 2-10 数控仿真实训室

图 2-11　数控机床维修实训室

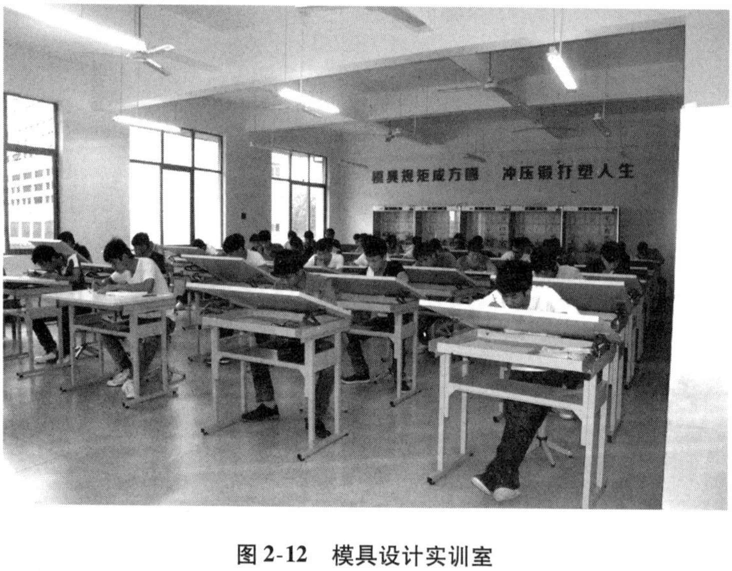

图 2-12　模具设计实训室

图 2-13 工业控制实训室

图 2-14 电子电工实训室

图 2-15　高级电工实训室

图 2-16　电气智能实验室

图 2-17 现代电力电子实训室

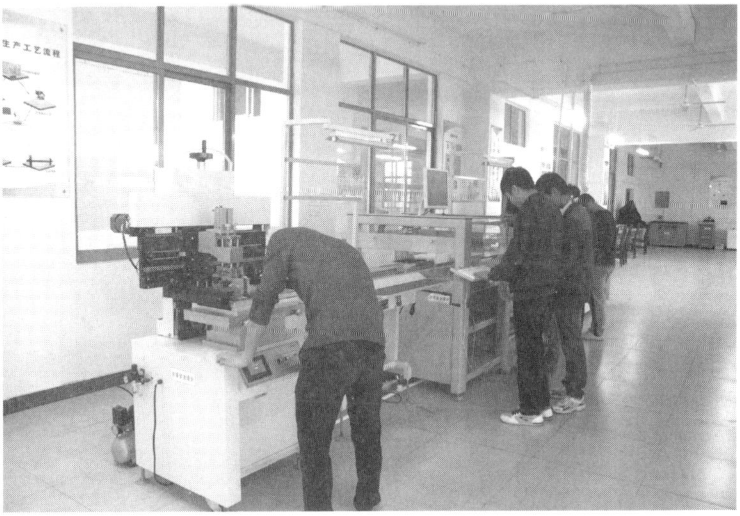

图 2-18 SMT 实训室

图 2-19　电子产品装配车间

图 2-20　仪器分析实验室

图 2-21 制药车间

图 2-22 化工仿真 DCS 操作平台

图 2-23　液相色谱实训室

图 2-24　气相色谱实训室

图 2-25 制药实训室

图 2-26 管路拆装实训室

图 2-27　精馏实训室

图 2-28　会计电算化专业实训室

图 2-29 会计特色班

图 2-30 模拟实践

图 2-31　形体训练

第三章 大学生安全

第一节 安全知识

对于每一个人来说，生命只有一次，因为它是不可逆的。安全如同一根七彩的丝线，把一个个鲜活的生命连接起来，构成一个丰富多彩、五彩缤纷的美好世界。如果忽略了安全，生命便可能不复存在，一切美好皆成泡影。注意安全，就是善待和珍惜生命。“百善文明为先，万思安全最重”，文明在于对细节的处理，安全在于防患于未然。然而，在现实生活中，并非人人都具有较高的安全意识，有些人安全意识淡薄甚至可能完全忽视安全的重要性。

对于进入大学的同学们来说，大学也并不是一个绝对安全的港湾，也有很多的安全隐患环绕在我们的身边，生活中一个不经意的失误都有可能酿成一场大祸，甚至造成不可挽回的后果。安全教育就是生命教育，校园安全与我们每个师生都息息相关，做好安全教育，需要大家都积极行动起来，营造一个“人人关心校园安全”的浓厚氛围，时刻加强安全意识，努力增强自我防范能力，做到警钟长鸣，永记心间！

一、人身安全

人身安全广义上包括人的生命、健康、行动自由、住宅、人格、名誉等安全。通常所说的人身安全是指自然人的身体本身的安全。

（一）饮食安全防范

1. 注意餐饮卫生和安全

俗话说，民以食为天。我们每天要吃饭，学校的食堂经过政府检疫部门卫生检查，其食品经过高温蒸、煮、炸、炒，一般不会有问题。所以，尽量在学校的食堂就餐。有些同学喜欢到校外餐馆和小摊上吃饭，据报道，许多餐馆的食用油以及猪肉、羊肉、牛肉、鱼和蔬菜，都在不同程度上存在某些问题，要尽量少去或不去食用。不要在没有工商执照的餐馆就餐，不要图一时的方便和价格低廉就放弃了饮食安全。

2. 出现食物中毒怎么办

①停止食用可疑食品；②报告老师，立即去学院医务所就诊；③发生大规模食物中毒时报告卫生防疫部门。

3. 食物中毒紧急处置方法

第一种情况，当病人有呕吐、腹泻、舌苔和肢体麻木、运动障碍等食物中毒的典型症状时，要注意：①为防止呕吐物堵塞气道而引起窒息，应让病人侧卧，便于其将呕吐物吐出；②在病人呕吐过程中，不要让病人喝水或吃食物，但在呕吐停止后马上给其补充水分；③留取病人呕吐物和大便样本，以便医生检查；④如果病人腹痛剧烈，可取仰睡姿势并将双膝弯曲，有助于缓解腹肌紧张；⑤给病人腹部盖毯子保暖，有助于促进血液循环；⑥当病人出现脸色发青、冒冷汗、脉搏虚弱时，要马上将其送医院，谨防出现休克症状；⑦不要轻易给病人服用止泻药，以免贻误病情。

第二种情况，当病人出现抽搐、痉挛症状时，马上将病人移至周围没有危险物品的地方，并取来筷子，用手帕缠好塞入病人口中，以防止其咬破舌头。

4. 预防食物中毒的措施

俗话说“病从口入”，预防食物中毒的关键在于把牢饮食关，把健康的金钥匙掌握在自己手中。①蔬菜瓜果要浸泡洗净，食用生凉菜肴要讲究卫生。②不购买过期食品，不食用变质食品，不吃不洁食品，不喝不洁饮料。

（二）交通安全防范

目前，交通安全事故连年增加。同学们利用假期回家、返校，走亲访友，周末外出等都牵涉到交通工具，因此交通安全和我们息息相关。如果不懂交通法规，无视交通安全，那么随时都有可能付出惨痛的代价，断送美好前程。

1. 新生在自觉执行交通法规时，应注意以下事项

在行走时，应注意：①在人行道上行走，无人行道时靠边行走。不在道路上嬉戏追逐、玩耍打闹。②应该经由过街天桥、地下通道、人行横道过街时，不乱穿马路，不翻越隔离护栏；红灯停，绿灯行，遵守行人过街信号。③通过没有人行横道的道路时，必须认真观察来往车辆的动态，在确保安全的前提下方可通过。④不要在出租车临近时突然招呼叫车，不要在路口、机动车道、人行横道线上招呼出租车。停车下客时，要看清车辆右后方有无车辆即将驶过。

在骑自行车时，应注意：①通过路口应注意观察信号灯变化，不闯红灯、黄灯。②按规定安装、使用分合式自行车牌，不无牌、无证上路。③不在快车道上骑行，不违章带人，不掉头猛拐，不追逐竞驶。

学校规定：为了学院全体师生的人身安全，严禁学生在校园内驾驶摩托车、电动车，一经发现，一律暂扣。

2. 校园及周边易发生交通事故的主要原因

①校园内的道路相对比较狭窄、转弯多，交叉路口没有信号灯管制，也没有专职人员管理。②校园内人口密集，上、下课时容易形成人流高峰，造成人车混行、人车争道。③有的行人和司机不遵守交通规则。机动车辆在校门附近不减速，不主动避让行人。④多数大学生在走路时注意力不集中。喜欢边走路边看书或边听音乐，或者左顾右盼、心不在焉。

3. 发生交通事故时的处理办法

①及时报案。无论在校外还是在校内，一旦发生交通事故，要及时报案，千万不能与肇事者私了。若在校外发生交通事故，除及时报案外，还应该及时与学校取得联系，由学校出面协调处理有关事宜。②保护现场。事故现场的勘查结论，是划分事故责任的重要依据之一，切记在发生交通事故后要保护好事故现场。③控制肇事者或记住肇事者的明显特征。若肇事者想逃脱，一定要设法控制，自己不能控制的话，可以发动周围的人帮忙控制，如果遇到肇事逃逸，则应记住肇事者的明显特征并记住肇事车辆的车牌号或明显特征。

（三）消防安全防范

随着社会的进步和人民生活水平的提高，使用火的地方和用电量的不断增加，群死群伤的恶性火灾事故也连年不断，给国家和家庭带来了不可弥补的损失。因此，要提高广大新生的防火安全意识和自防、自救、自我逃生的能力，避免火灾事故的发生，减少火灾事故的损失。

1. 学校火灾事故的主要原因

①违章乱拉私接临时线路，并靠近易燃物，绝缘性能低，导致短路；②违章使用电器，比如电炉、热得快、电热器等大功率电器造成线路超负荷；③在焚烧信件等杂物时，失去控制或遗留火种，引燃周围可燃物；④在床上点蜡烛，不慎引燃周围可燃物；⑤在室内吸烟甚至卧床吸烟，烟头、火柴梗未熄灭乱扔，引燃周围可燃物；⑥违章使用各种灶具，引燃周围可燃物；⑦实验课时违反实验操作规程，导致电气设备或线路超负荷；⑧电气设备老化，超负荷用电；⑨建筑物或设备接地不良，雷击所致。

2. 如何防止火灾事故

①每位师生员工，必须自觉遵守各项消防法律、法规和学校的消防安全管理制度，增强防火安全意识，做到“六不一断”：不私自接拉临时电线；不在宿舍等公共场所使用热得快、电炉、煤气炉、酒精炉、电热器等大功率电器设备；不在宿舍点蜡烛看书；不在室内吸烟、乱扔烟头或火柴梗；不乱焚烧杂物；不将台灯靠近可燃物；做到人走之前关掉电器开关、拔下电源插头，确保电器彻底切断电源。

②确保消防设施、设备和灭火器材处于良好状态。目前学校在各建筑物内设置的消防设施、设备和灭火器材有以下几种：应急照明灯和疏散指示标志，这是引导人们疏散的，一般安装在疏散通道内或安全出口处，一旦发生火灾，供电中断，人们利用应急照明灯提供的照明，按照疏散指示标志指示的方向，疏散到安全地点。疏散通道和安全出口，这是用来紧急疏散的。疏散通道必须随时保证畅通，一旦发生火灾，人员能及时通过疏散通道和安全出口，疏散到安全地点。安全出口设在人员集中的场所，正常情况下是关闭的，但遇紧急情况必须能及时打开。防火门，这是用来阻止火势蔓延的。一般安装在较大建筑物的楼道里，它将建筑物分隔成若干个防火区域，并安装有闭门器，保证防火门常处关闭状态。一旦发生火灾，它将隔断浓烟和有毒气体并阻止火势蔓延。消火栓，这是用来扑救火灾的。分为室外消火栓和室内消火栓。室外消火栓设在建筑物周围，室内消火栓设在建筑物内。消火栓是扑灭火灾的主要水源。一旦发生火灾，可在消火栓上接入水带取水灭火。灭火器，这是用来扑救初期火灾的。学校建筑的各个部位均配备了足够数量的灭火器，一旦发现火情，可用附近的灭火器进行扑救。

（四）日常治安防范

1. 避免纠纷和斗殴

①发生纠纷和斗殴的原因有：不拘小节，开玩笑过度或刻意挖苦别人；狂妄自大，目中无人，争强好胜；极端自私，损害他人尊严或利益；酗酒后不能自控而寻衅滋事；陷入三角恋爱，脚踏两只船。

②如何避免纠纷和斗殴？第一，诚实谦虚。这是加强团结、增进友谊的基础，也是消除纠纷和斗殴的灵丹妙药。第二，文明礼貌。俗话说“祸从口出”，“话不投机半句多”，这充分揭示了语言与纠纷、斗殴的辩证关系。当你不小心冒犯了别人时，应说“对不起”“很抱歉”“请原谅”；当别人因无意中冒犯了你而向你道歉时，应说“没关系”“别客气”。这样，紧张气氛就会烟消云散，化干戈为玉帛。第三，冷静克制。牢记中华民族“和为贵”“忍为上”的传统美德，严于律己，宽以待人，大事化小，小事化了。第四，相信和依靠组织。万一发生了纠纷或斗殴，要及时报告老师、班干或学生会、保卫处，力争尽快解决和制止，防止人身伤害的发生。

2. 严防性骚扰和性侵害

①筑起思想防线，提高识别能力。第一，消除贪图小便宜的心理，对一般异性的馈赠和邀请，应婉言谢绝，以免因小失大。第二，谨慎待人处事，对不相识的异性，不要随便说出自己的真实情况。第三，对自己特别热情的异性，不管是否认识都要倍加注意。第四，一旦发现异性对自己不怀好意，甚至动手动脚或有越轨行为，一定要严厉拒绝、大声呼救、大胆反抗，并及时向有关领导或保卫部门报告，以便及时制止。

②行为端正，态度明朗，使居心不良的人无机可乘，消除非分之想。千万不能态度

暧昧，模棱两可，这样对方就会增加幻想，继续纠缠。

③学会用法律保护自己。对于那些失去理智、纠缠不清的无赖或违法犯罪分子，要大胆揭发。千万不要惧怕要挟或讹诈，也别因惧怕打击报复而采取私了的办法。私了的结果往往是犯罪分子得寸进尺，没完没了。

④正当防卫。把握时机，出奇制胜，快准狠地出击其要害部位。同时要设法在案犯身上留下印记或痕迹，以备追查、辨认案犯时做证据，协助公安机关破案。

3. 远离毒品

①提高对毒品的防御能力。不要结交有吸毒恶习的朋友，更不可因受这些人的诱惑而加入吸毒队伍。绝不可因好奇而尝试毒品，防止因上瘾而难以自拔。

②充分认识毒品违法犯罪活动的危害性，培养高尚的情操、正确的伦理道德观念和深厚的法律意识；积极参加有益于身心健康的集体活动，培养自身广泛的兴趣爱好，避免孤僻的生活方式。

③一旦沾染上毒品，要主动向老师和学校报告，自觉接受学校、家庭和政府有关部门的监督，进行戒除和康复治疗。万不可听之任之，最终导致自我毁灭。

二、财产安全

校园里来往的人多，且人员复杂，加之同学们的财产安全意识比较淡薄，所以常常会发生财产安全受到侵害的现象。

（一）防盗

1. 学校里容易被盗的场所

①学生宿舍最容易被盗。②在食堂、教室、图书馆，同学们因乱丢乱放书包或装有现金的衣物而容易被盗。

2. 学生宿舍容易被盗的时段

①刚入学时，宿舍混乱，新同学缺乏经验，容易被盗。②放假之前，到宿舍找人、串门的人多，容易被盗。③同学都去上课时容易被盗。特别是在上体育课时，大家习惯将钱包和手表放在宿舍里，容易被盗。④上晚自习时，相连几个寝室的人都走空，容易被盗。⑥夏秋两季，开窗睡觉易被盗窃者通过“钓鱼”手法盗窃。⑥学校举办大型文体活动时，外来人员剧增，发生盗窃的可能性也会增加。⑦学校开大会、举办考试等致使宿舍同学走空，容易被盗。

3. 学生宿舍防盗应注意的事项

①最后离开宿舍的同学要特别注意关窗锁门，不要嫌麻烦。②同学们去串门聊天、出去吃饭或者睡觉时不锁门，都会留下隐患。③不能留宿他人。年轻人热情好客很正常，但不可违反学校管理规定，更不能丧失警惕，引狼入室。④对形迹可疑的陌生人应

提高警惕。⑤尊重值班室的保安人员，支持他们加强管理。⑥现金、电脑、手包等贵重物品，一定要锁好；手机、钥匙、饭卡等要随身携带。若乱丢乱放，就容易被盗贼顺手牵羊。⑦做到换人换锁，并且不能将钥匙借给他人，以防止钥匙丢失，宿舍被盗。

4. 保管好自己的现金、储蓄卡和贵重物品

①将现金存入银行，不要怕取款麻烦。②存折和储蓄卡卡号及其密码绝对不能让他人知道。储蓄卡要随身携带，不能与自己的身份证放在一起保管。③存折和储蓄卡的密码最好不要使用自己的出生年月或电话号码，密码应采用难以破解的数字设定，因为现今通过破解密码而盗窃的案例已屡见不鲜。④在取款机上取款时，要提高警惕，防止他人站在背后偷记你的卡号和密码。⑤若存折或储蓄卡被盗或丢失，应立即带有效证件（身份证、户口簿等），第一时间到银行挂失，然后再到公安或保卫部门报案。⑥放假离校时应将贵重物品随身带走，或者托可靠的人保管，不可留在宿舍。而且在贵重物品上最好留一个特殊记号，以便辨认。

（二）防抢劫、抢夺

抢劫是作案人以暴力、胁迫或其他方法强行抢走财物的行为。抢夺是作案人以非法占有为目的，乘人不备，公然夺取财物的行为。抢劫、抢夺具有较大的危害性、骚扰性，往往转化为凶杀、伤害、强奸、流氓等恶性案件。严重侵犯财产及人身权利，威胁生命安全。

1. 校园内的抢劫、抢夺案件的显著特点

①抢劫或抢夺案犯的作案时间一般为夜深人静之时，案犯趁师生在休息，校园内的行人稀少时作案。②大多抢劫案件发生于校内比较偏僻、阴暗、人少的地带，一般为树林中、小山上、校园的偏僻处或无灯的人行道、正在兴建的建筑物内。③案犯抢劫或抢夺的主要对象是携带贵重财物的，单独行走而无伴或少伴的，或者因谈恋爱滞留于偏僻、阴暗无人地带的大学生。④案犯除流窜作案者外，一般为校园附近农村、企业等不务正业有劣迹的小青年。这些人一般对校园环境较为熟悉，往往结伙作案，作案时胆大妄为，作案后易于逃匿。

2. 如何预防抢劫、抢夺

①不外露或向人炫耀随身携带的贵重物品，单独外出时不带过多的现金；②尽量不要独自外出，注意结伴而行；③不要独自在偏远、阴暗的林间小道或山路上行走，不到行人稀少、环境阴暗或偏僻的地方，要避开无人之地；④尽量避免深夜滞留在外不归或晚归；⑤穿戴适宜，尽量使自己活动方便；⑥独行时不要显露出过于胆怯害怕的神情。

3. 遭受抢劫、抢夺该怎么办

克服畏惧恐慌情绪，冷静分析自己所处的环境，以生命为重，对比双方的力量，在不同的情况下采取不同的应对策略。①要尽力反抗。只要具备反抗的能力或时机有利，就应及时发动进攻，制服或使案犯丧失继续作案的心理和能力。②尽量纠缠。可借助有利地形，利用身边的砖头、木棒等足以自卫的武器与案犯僵持，使案犯在短时间内无法近身，以引来援助者并给案犯造成心理上的压力。③在无法与案犯抗衡时，可看准时机向有人、有灯光的地方或宿舍区奔跑。④当自己处于案犯的控制之下无法反抗时，可暂时按案犯的要求交出部分财物，并采用语言反抗法，理直气壮地对案犯进行说服教育，晓以利害，造成案犯心理上的恐慌。切不可一味求饶，要保持镇定，或与案犯说笑，采用幽默的方式，表明自己已交出全部财物，并无反抗的意图，使案犯放松警惕，然后看准时机反抗或逃脱控制。⑤采用间接反抗法。即趁案犯不注意时在其身上留下暗记，如在其衣服上擦点泥土、血迹；在其口袋中装点有标记的小物件；在案犯得逞后悄悄尾随其后，注意案犯的逃跑去向；等等。⑥要注意观察案犯。尽量准确地记下其特征，比如身高、年龄、体态、发型、衣着、胡须、疤痕、语言、行为等特征。⑦及时报案。案犯得逞后，有可能继续寻找下一个抢劫目标，更有甚者会在附近的商店、餐厅挥霍。高校都有较严密的防范机制，如果能够及时报案，并准确描述案犯特征，有利于有关部门及时组织力量布控，抓获案犯。⑧无论在什么情况下，只要有可能，就要大声呼救，或故意高声与案犯说话。

（三）防骗

诈骗是指以非法占有为目的，用虚构事实或隐瞒真相的方法骗取公私财物数额较大的行为。由于它一般不使用暴力，而是在一派平静甚至“愉快”的气氛下进行的，受害者往往会上当。提防和惩治诈骗分子，除需要依靠社会力量和法治以外，更主要的还是要靠大学生自身的谨慎防范和努力，认清诈骗分子的惯用伎俩，以防上当受骗。

1. 学生容易被骗的原因

①思想单纯，缺乏社会生活经验。在大学生宿舍，时常有一些人前来寻访熟人、老乡、同学，而我们许多同学缺乏刨根问底的习惯，在不辨真伪的情况下，宁信其有而不信其无，而且常常把其他人的寻访看作一种荣耀，往往被“师兄”“师弟”“师姐”“师妹”一类的称呼弄昏了头脑。②疏于防范，感情用事。在大学校园里，很多同学（尤其是新生）往往将激情溢于言表，没有形成防范的概念，在客观上给诈骗分子以可乘之机。从实践来看，上当者大多被“同乡”“同学的同学”“朋友的朋友”之类认识后所骗。③有求于人，轻率行事。如果不辨青红皂白，为达目的而轻率交友，轻信他人，那么弄不好就会上当受骗。据调查，当前大学生容易被利用的心态是：想经商助学或勤工俭学而缺乏经商或实践经验；急于成名、爱慕虚荣而无意戒备；想分配到理想的工作单位而又缺少门路；等等。

2. 校内诈骗作案的主要手段

①假冒身份，流窜作案——诈骗分子往往利用假名片、假身份证与人进行交往；有

的还利用捡到的身份证等在银行设立账号提取赃款。骗子为了既能骗得财物又不暴露马脚，通常采用打游击的方式流窜作案，财物到手后即逃离。还有人以骗到的钱财、名片、身份证、信誉等为资本，再去诈骗他人，重复犯案。②投其所好，引诱上钩——诈骗分子往往利用被害人急于就业、占小便宜等心理，投其所好，应其所急，施展诡计而骗取财物。③真实身份，虚假合同——某些骗子利用高校学生经验少、法律意识淡薄、急于赚钱补贴生活的心理，常以公司名义，使用真实的身份，让学生为其推销产品，事后却不兑现诺言和酬金，而使学生上当受骗。④借贷为名，骗钱为实——有的骗子利用人们贪图便宜的心理，以高利集资为诱饵，使部分教师或学生上当受骗。个别学生常以“急于用钱”为借口向其他同学借钱，然后却挥霍一空，倘若要债的追得紧了，就再向其他同学借款填补窟窿，拖到毕业后一走了之。⑤以次充好，恶意行骗——某些骗子利用教师或学生“识货”经验少又苛求物美价廉的特点，上门推销各种产品而使师生上当受骗。⑥招聘为名，设置骗局——为了减轻家庭负担，勤工助学已成为大学生谋生求学的重要手段。诈骗分子往往利用这一机会，用招聘的名义对一些“无知”的学生设置骗局，骗取介绍费、押金、报名费等。⑦骗取信任，寻机作案——诈骗分子常常利用一切机会与大学生拉关系、套近乎，或表现出相见恨晚而故作热情，或表现得十分慷慨而以朋友相称，骗取大学生信任后伺机作案。

3. 校园诈骗案件的预防措施

①提高防范意识，学会自我保护。社会环境千变万化，青年大学生必须尽快适应环境，学会自我保护。要积极参加学校组织的法制和安全防范教育活动，多了解、多掌握一些防范知识，这对于自己有百利而无一害。在日常生活中，要做到不贪图便宜，不谋取私利；在提倡助人为乐、奉献爱心的同时，要提高警惕，不能轻信花言巧语；不要把自己的家庭地址、身份证号码等信息随便告诉陌生人，以免自己或家人上当受骗；不能用不正当的手段谋求择业和出国；发现可疑人员要及时报告，一旦上当受骗后更要及时报案、大胆揭发，使犯罪分子受到应有的法律制裁。②交友要谨慎，避免以感情代替理智。如果只凭感情用事，一味“跟着感觉走”，往往容易上当受骗。交友最基本的原则有两条：一是“择其善者而从之”，真正的朋友应该建立在志同道合、高尚的道德情操基础之上，联结彼此的是真诚的感情交流而不是简单的利益关系；二是严格做到“四戒”，即戒交低级下流之辈，戒交挥金如土之流，戒交吃喝嫖赌之徒，戒交游手好闲之人。与人交往要区别对待，保持应有的理智。对于熟人或朋友介绍的人，要学会“听其言，查其色，辨其行”，而不能“一是朋友，都是朋友”。对于“初相识的朋友”，不要轻易“掏心窝子”，更不能言听计从，受其摆布利用。对于那些“来如风雨，去如微尘”的上门客，态度要热情，处置要小心，尽量不为他们提供单独行动的时间和空间，以避免给犯罪分子创造作案条件。③同学之间要相互沟通，相互帮助。在学校里，无论

哪个专业、哪个班级，都是校园中一个最基本的组织形式。在这个集体中，大家向往着同一个学习目标，生活和学习是统一的、同步的，同学间、师生间的友谊比什么都珍贵，因此相互间应该加强沟通、互相帮助。有些同学习惯于把个人之间的交往看作是个人隐私，但必须知道，既然是交往就不存在绝对保密。有些交往关系，在自己认为适合的范围内适当透露或公开，更适合安全需要，特别是在自己觉得可能会吃亏上当时，与同学有所沟通，或许就会得到一些帮助并避免受害。④服从校园管理，自觉遵守校纪校规。为了加强校园管理，学校制定了一系列管理制度和规定。这是用来约束人们行为的，在执行过程中可能会给个别同学带来某些不便；但是制度却是必不可缺的，况且，绝大多数校园管理制度都是为控制闲杂人员和犯罪分子混入校园作案，以维护学生的正当权益和校园秩序而制定的。因此，同学们一定要认真执行有关规定，自觉遵守校纪校规，服从并支持有关部门履行管理职能。

三、校园周边治安

学校黄金校区位居赣州市开发区高校园区，东、北面紧邻乡村，南接新世纪大道，西靠 105 国道。新生应注意以下 4 点：

1. 105 国道上的交通安全

一出学校西大门，就是 105 国道，来往车辆多，有的车速很快。所以，没有特殊需要，尽量少出西大门；严禁在国道上逗留、玩耍；确实需要外出时，必须在公交站台候车和下车。

2. 大学城、坪路小镇上的治安安全

出学校大门左拐 500 米，是坪路小镇和大学城，这儿是几所高校的接合部。娱乐场所多，饮食摊点多，流动人口多，是较容易出事的地方。没有特殊情况，尽量不去或少去。

3. 防止与周边村民发生矛盾纠纷

要避免与村民接触，防止发生不必要的矛盾纠纷。

4. 尽量不去空旷地带

因黄金校区是 2002 年新建的，校园面积很大，到目前为止，黄金校区还有部分空地待建，平常尽量不到这些地方去。

四、网络安全防范

（一）网络违法犯罪的类型

1. 制造、传播计算机病毒

即犯罪嫌疑人在网络上散布计算机病毒。有些病毒具有攻击性和破坏性，可能破坏他人的计算机设备、档案。特别是“蠕虫”病毒越来越复杂化，几小时就能传遍全世界，其所造成的损失能达到几百万甚至几亿美元。

2. 侵犯个人隐私、商业秘密和国家秘密

随着互联网的迅速兴起、计算机记录及储存功能日益强大，个人数据的搜集与利用开始变得更为方便和快捷。由于人们对科技手段的依赖性越来越强，促使人们将越来越多的个人隐私暴露于公众面前，使得隐私被不法分子侵犯的可能性大大增加。

3. 非法贩卖违禁物品、管制物品、赃物

随着选择网络商店的群体扩大，越来越多的人通过“网购”来配置所需物品。这就为一些违禁物品、管制物品、赃物销售等提供了一个“平台”。

4. 网络诈骗

许多不法分子利用网络实施诈骗，这是造成受害者损失较多、表现形式最为复杂多样的一种犯罪类型。

[典型案例] 某高校学生魏某是一个网络游戏爱好者。一天下午，他同平常一样来到离家不远的一家网吧，玩起了网络游戏“跑跑卡丁车”。没多久，屏幕右下角就不断弹出一个申请添加好友的对话框，当魏某点击“确定”后，屏幕上出现了一条“幸运”提示，内容为“恭喜您被系统抽中为跑跑无限惊喜活动幸运玩家，您将获得××科技有限公司送出的惊喜奖金32 000元以及公司赞助的笔记本电脑一台”。兴奋的魏某不假思索就打开了所谓的“官方网站”，可是该网站的主页上却清楚地写着领奖“需要预先支付600元手续费”，为了能尽快得到奖金和奖品，魏某迅速跑到网吧附近的银行，按照网站上的银行账号给对方汇去了600元钱。转账完毕之后，魏某拨通了对方的“客服电话”，可令他没有想到的是，电话那头的接线员竟称魏某需要再汇6 400元的个人所得税才能够得到全部奖品。这个时候魏某才觉得不对劲，赶紧联系有关部门，并报了案，然而当警方再次拨打网页上的客服电话时，该公司却彻底没了音信。

5. 网络赌博

网络赌博通常指利用互联网进行的赌博行为。网络赌博类型繁多，凡是现实中出现的赌博方式在网络中几乎都可以出现。

6. 网络色情和性骚扰

网络色情和性骚扰主要有两种形式：第一种就是张贴淫秽图片，也就是在网络上设置网站，或在网络上利用开放式的Forum或BBS张贴淫秽图片，有的色情网站则定期向“订户”发送系列免费图片；第二种就是散布性交易信息，在网络上提供、散布卖淫信息，提供给不特定第三人进行性交易或者从事卖淫活动。

7. 教唆、煽动犯罪

有些人通过网络教唆、煽动各种类型的犯罪，有意无意地传授犯罪方法。有些网站是由各种邪教、暴力犯罪、恐怖主义犯罪组织所开设的，而个人所开设的专业性的犯罪网站数量则更多。

（二）网络违法犯罪的预防

1. 网上购物的安全

（1）链接要安全

在网上提交任何关于个人的敏感信息或私人信息之前，一定要确认数据已经加密，并且是通过安全链接传输的。

（2）保护好个人信息的密码

不要使用任何容易被破解的信息作为自己的密码，如自己的生日、电话号码等。密码最好是一串比较独特的组合，至少包含 5 个数字、字母或其他符号。

（3）保护自己的隐私

在购物之前，最好先花几分钟阅读一下电子商务公司的隐私保护条款，这些条款应该会对他们收集你的信息和这些信息将被如何使用进行详细说明。要尽量少暴露你的私人信息，填写在线表格时要格外小心，不是必填的信息就不要主动提供。永远不要透露家人的姓名、地址、电话等信息，有人可能会利用这些信息从事诈骗。

（4）使用安全的支付方法

在网上购物时，使用信用卡和借记卡在线购物不但方便，而且很安全。因为通过它们进行交易都受有关法律的保护，你应该对付款提出质疑，并在质疑得到解决之前拒绝付款。另外，这样一来，如果你的信用卡或借记卡被盗用，你只需承担很小的一部分金额。

（5）检查证书和标志

在购物时要检查你所浏览的网站是否在相应的部门注册过，再到相应的部门对你所浏览的网站进行资质查询。这样，即使以后出现问题，你也可以凭借购买凭证进行维权。

一般购物网站上经常组织用户进行满意度调查，并公布对商务站点有关项目的评分，这些项目如商品质量、客户服务质量和送货是否及时等。在购物前，看看已经购买过的用户的评价，也可以帮助我们了解网站的情况。

（6）检查销售条款

著名的在线零售商都会出示有关的销售条款，包括商品质量保证、责任限度以及有关退货和退款的规定等。有些站点要求客户在购物前必须点选“同意这些协议”，有些站点则把这些条款放在一个链接后面。在购物前，应认真阅读这些协议条款。

（7）检查订单

在发送购物订单之前，再慎重地检查一遍。输入错误往往会导致很严重的后果。如果收货的地址和发出订单的地址不一致，你就需要做出特别说明，并仔细检查。另外，你必须确定你看到的价格正是该物品当前的价格，而不是你上次访问该站点时浏览器保存在你计算机中的临时网页文件上的过时价格。

（8）估计送货日期

一般情况下，销售商应该会告诉你一个大概的送货日期。如果销售商没有指定货物送达日期，销售商就必须在30天内将货物送达，否则必须通知客户不能按时送货，并提出撤销订单，退回货款。

（9）维护自己的合法权益

如果你因在网上购物过程中碰到了问题而要维护自己的合法权益，你可以立即通知这个商务公司，在其站点上找到免费服务的电话号码、邮件地址或指向客户服务的链接。如果该公司不解决有关问题，你应该与有关主管部门联系。

2. 网上聊天的安全

随着计算机和互联网的不断发展与迅速普及，网上聊天已成为一种使用人群日渐广泛的新型的交际方式。据统计，目前我国最流行的即时通信工具腾讯QQ用户数已经突破3.5亿，其覆盖率达到96%，峰值同时在线人数突破800万人。上网聊天时我们会碰到各种各样的人，由于网络环境下匿名化，我们并不知道对方的真实身份。这时，单纯而又缺乏社会经验的大学生就要提高警惕。

（1）以健康积极的心态聊天，聊天的内容要健康有意义，不要聊一些黄色、暴力等不健康的内容。

（2）和陌生人聊天时不要透露自己详细的资料如电话、所在学校、住址等。

（3）聊天时要留心，要做到“害人之心不可有，防人之心不可无”。

（4）神奇的网络生活是以虚拟的成分为主，与实际生活有很大的距离，不要把异性网友与自己的情侣进行盲目比较。

（5）和网友交往的进退发展趋向要顺其自然，在不影响各自学习的前提下，若能成为现实生活的知心朋友是很难得的。

（6）聊天时，对方发送的文件、图片等不要轻易打开，要先对其进行扫描，防止病毒侵入。

（7）在网吧、学校机房等公共场所上网聊天时，对自己的工具密码要注意保密，不要设置过于简单的密码，防止聊天号码被盗。

3. 网上交友的安全

网上交友越来越受到人们的欢迎，它具有其他交友方式所不具备的很多显著优势，但同时也存在不完善的地方。有些人通过网上交友的管理漏洞，滥用网上交友方式以达到图谋不轨的目的。因此，大学生在充分享受互联网带来的显著便利的同时，也要注意网上交友安全。

（1）保护隐私

刚刚认识的他（她），当他（她）试图得到你的真实姓名、电话号码、住址等私人信息时，千万不要过于轻信一两次的直觉或者对方的一己之言。要学会增强自我保护意识，要冷静、慎重、理性。

（2）保持警惕

网络交友可以让你放松身心，结友交伴，但是在网络中一定要保持应有的警惕。除非你确实想与对方进一步发展关系，否则建议你保持必要的长时间的匿名，尽量多些沟通交流，以建立足够的信任。

（3）向对方要照片或与对方视频通话

照片或可视通话可以帮助你更好地去感觉对方，一般在网上看到的个人资料只有一张，或是有限的、经过对方精选的。当希望进一步感觉对方时，需要看到他（她）生活方面的照片，正式场合的、非正式场合的，室内的、室外的，艺术的、非艺术的。如果他（她）反复找借口不发照片给你或不与你视频通话，这往往表明他（她）有不愿意让你知道的一面，你要引起警觉。

（4）对方提出金钱请求时，要格外小心

有些怀着不良目的的人，一开始是很难辨认其真实面目的，当在网上交往到一定程度后，他（她）往往会以各种各样的理由，要求你给他（她）汇款或购物。遇到这样的事，一定要谨慎，不要盲目地把钱或物寄出去，以防上当受骗。

（5）矜持有礼

当对方向你发出见面邀请时，不要太轻易答应。特别是女孩子，一定要矜持一些，如果觉得暂时还没有见面的必要，在婉拒的同时一定要有礼得体。

（6）选择安全的约会场所

如果你确定与网上有好感的陌生人见面，要告知朋友你出门的时间和大约将会返回的时间，并且留下对方的姓名和联系方式。还可以带上你的朋友一起去。出门时请自行前往约会地点，绝对不要接受或请求对方来接送。约会的地点最好是公共场所，以及四周人较多的地方。当你觉得时间差不多了，便可以结束约会，此时可以向对方表达你的谢意，然后道别。如果你将在另外一个城市与他人见面，最好自己安排住宿和交通，不要把下榻的地点透露给对方。

（7）果断退出

一旦发现对方不是你所期盼的朋友，要果断退出，不要将时间、精力和感情浪费在没有结果的交友或“恋爱”中。如果你个人做不了决定，可向你的同学、朋友或家人咨询。

（8）摆脱危险

在约会见面的过程当中，一旦发生让你感到害怕的事情，要发挥你的聪明才智以帮助自己脱离困境，并迅速离开现场。要争取足够的时间询问朋友的意见、请求旁人的帮助或者从后门快速离开。当你感觉到自己有危险，请立即报警。个人安全总是最重要的，千万不要对自己的行为感到不好意思或觉得尴尬，而要牢记你的安全远比对方对你的评价更重要。

五、军事训练安全防范

在普通高等院校进行国防教育和军事训练，是贯彻党的教育方针、对学生实施素质教育的重要内容。通过国防教育，学生可以掌握基本的军事理论，增强国防观念和国家安全意识、爱国意识，提升综合素质；通过军事训练，学生能养成吃苦耐劳的精神和良好的生活习惯，增强集体主义观念和组织纪律性，使德、智、体、美得到全面发展。

因此，每年秋季新生入学后，学校都会根据《中华人民共和国国防教育法》的规定，按照教育部、原总参谋部、原总政治部《普通高等学院军事教学大纲》的要求，对新生进行两周左右的国防教育和军事训练。具体内容包括军事理论教学、队列、三种步法和内务整理训练以及进行军训会操。

学校要求所有新生都应积极主动参加国防教育和军事训练，但考虑到气候炎热、体能消耗大，学校规定有特殊情况或身体不适的同学也可以请假暂停训练。因为“安全第一”是学校各项工作总的原则。

六、政治安全防范

（一）不参加传销组织

1. 非法传销的新特点

①由“传商品”向“传人头”转变。传销人员往往以做生意、就业、创业等为名义，以“高额利润、快速致富”为诱饵，再利用一些所谓的公益活动装点门面，诱骗不明真相的人参与其中。②向不同群体蔓延。如今，传销已由文化层次不高的群体向大学生等高素质人群扩展，常有大学生被骗入传销组织，导致学业荒废，前途被毁。③由城市向农村蔓延。为了逃避公安、工商等部门的打击，传销组织常将居住点选择在城乡接合部或者农村。④利用互联网开展非法传销。⑤以合法外衣进行掩护。比如办理会员卡、消费积分或充值、远程教育和基金、股票、期货等虚拟产品。

2. 如何避免参与传销

①提高认识，增强辨别是非的能力。要知道非法传销绝不是什么“光辉事业”，而是国家明令禁止并严厉打击的非法活动。②树立正确的致富观。传销绝不是致富路，而是不归路。③迷途知返。万一不慎误入了传销组织，首先要尽可能与学校老师、同学联系，或拨打110报警，尽快设法脱离传销组织；其次不能一错再错，不能再骗别人受害。

（二）不陷入网络陷阱

1. 网络不良信息的类型

①淫秽和色情信息。挑逗人们性欲，导致人们腐化、堕落。②暴力信息。过分宣扬喋血、斗殴、强暴、凶杀和战争恐怖等内容，使人丧失同情心、丧失理智，变得好斗，为达个人目的而不择手段。③反动信息。大肆宣扬违背历史潮流和社会发展规律的政治谬论，动摇人们的信念、理想、意志和情操。④伪科学与迷信信息。封闭人的思维，奴役人的精神，毁灭人的情感，扼杀人的尊严，丧失人的自由。

2. 网络不良信息的危害

①影响大学生的身心健康，给大学生的正常学习和生活带来许多无法预知的障碍。②促使大学生形成消极的世界观、人生观，认为一切都是“命中注定”，从此不再努力拼搏。③荒废学业，诱发违法犯罪，严重危害社会的安全稳定。

3. 如何抵制网络不良信息

①不上传、不下载、不传播网络不良信息。一旦发现网络不良信息，要及时向网站管理部门举报。②不制造和传播网络病毒，不参与、不支持人肉搜索等网络暴力行为。③不偏听偏信社会上的谣传，更不能在网上传谣。④不通过网络窥探、透露他人隐私，不在网上谩骂、攻击他人。⑤认真践行《青少年网络文明公约》，营造文明健康和谐的网络文化氛围，遏制网络低俗之风蔓延。

（三）不参加反动邪教组织

1. 宗教和邪教的区别

①在宗教中，神与人是有区别的，再有权威、再德高望重的神职人员（如僧侣、主教、神父、牧师、道士等），也不会自称为神；而邪教教主却自称为神。②宗教的传教活动是公开的,僧侣在寺庙中公开讲经,主教、神父在教堂中公开布道;而邪教组织却有不可告人之处,其活动往往是不公开的。③宗教不反社会、不反人类，而邪教则反社会、不反人类。④宗教不允许神职人员个人骗财敛财，而邪教教主则往往以大肆敛财为目的。⑤宗教有规范而稳定的教义和典籍，而邪教往往散布的都是危言耸听的歪理邪说。

2. 如何抵制邪教

①相信科学，用科学理论武装头脑并与歪理邪说做斗争，遇到疾病找医生，遇到困

难找组织。②科学健身，积极参加合法的社会组织，参与健康向上、有益身心的社会活动，坚决抵制邪教、会道门或其他以祛病健身与修身养性为幌子的非法团体所组织的各类活动。③如果发现亲戚、朋友、同学等参加了邪教、会道门等非法组织，应规劝他们尽快脱离，终止非法活动。④如果发现有人利用邪教蒙骗坑害群众、危害社会治安，要及时向公安机关、保卫部门举报。⑤警惕境内外反动宗教组织对校园及其学生的宗教渗透。其常见的渗透方式有：外籍人员利用特殊身份传教；打着慈善旗号传教；通过网络传播、散发传单的形式传教；组建地下宗教团体传教。

七、外出旅游安全

大学生活是丰富多彩的，在周末和节假日里，有很多同学选择外出游玩。在外出游玩时一定要注意旅游安全，做到开开心心旅游，平平安安返回。

（1）外出旅游要找正规的旅行社代理出游，自行外出的要到车站乘坐有营运证的正规车辆，注意交通安全。

（2）乘车前，应将数目较大的现金存入银行。路上携带的现金以够用为准，且应分散放置，不要在公共场合翻弄钱款。下车游览、购物等要携带好自己的随身物品。

（3）不要给陌生人留电话号码。在火车站等公共场所不要轻信主动与自己攀谈、拉关系的陌生人，更不要把家庭电话告诉他人，以免你踏上旅途手机又没电的时候，不法分子会打电话向你的家人诈骗钱财。

（4）千万不要相信那些假借老乡之名和你套近乎的陌生人，更不能轻易把物品交由他们保管。外出旅游，不要接受陌生人提供的饮料、食品、香烟等。

（5）在酒店住宿时要观察好紧急通道和紧急出口，尽量不要单独外出；晚上睡觉要关好门窗并上锁。

（6）在游览时要听取导游的安全提示和忠告，经过危险地段时不要拥挤；乘坐缆车、游船等要服从工作人员的安排，做好安全防护。

（7）外出游玩时坚决不到江、河、湖、塘游泳，游泳须到专门的游泳池。每年全国都有多起因游泳溺水身亡的案例，必须警醒。

（8）不要去爬野山，爬山尽量随大流，结伴而行，并且要走指定的路线，不要另辟蹊径。到野外旅行，最好带个口哨，并保持通信装备正常使用，以防迷路。

八、实习实训安全

同学们在校期间会参加各种各样的实习实训，毕业前夕也会在校外实习基地参加顶岗实习，所以一定要遵守实习实训的相关规定，按照操作规程操作，防止安全事故发生。

①实习实训前，一定要检查设备是否正常，经检查确定一切无误后才能开始操作。

②操作各种实习实训设备时，必须按照安全操作规程进行操作，严禁私自违规操作。

③实习实训结束后要妥善处理好材料、废料，清洗保养设备。下班前必须切断所有电源、关闭水源。

④要经常性地检修各种仪器设备，防止因仪器设备失灵而造成事故。

⑤外出实习实训时必须听从指导老师的指挥，尤其是在野外作业时更要注意野外作业的安全注意事项。

⑥实习实训时要根据作业特点，如野外作业、用电用气、机械操作、危险化学品使用、高空作业等，有针对性地做好各种防护。

⑦离开实习实训场所，要关好门窗，以免发生材料、设备等财物被盗。

九、就业兼职打工安全

大学生就业或利用假日和休息时间进行打工的人越来越多。一方面，一些学生因家庭困难而贷款上学，通过打工能弥补一些经费不足；另一方面，一些学生想通过打工了解社会，从社会实践中增长经验，锻炼意志，提升能力。不论是就业还是打工，都必须把安全放在第一位，只有如此，才能避免上当受骗或受到侵害。具体应注意以下几点：

（1）要辨别中介机构

目前，劳务中介机构很多，许多人以此为幌子招摇撞骗。为防止在就业、打工时上当受骗，一要看中介机构有无政府职能部门核发的营业许可执照；二要对其发布的招聘信息进行分析研究；三要在条件许可时最好到其介绍的用工单位实地考察一番，对那些大包大揽，并把工作条件和工资待遇说得天花乱坠的中介机构，必须加倍小心。

（2）要慎签劳务合同

不论是就业还是打工，为保障自己的合法权益，必须慎签劳务合同。需签劳务合同时，要坚持四个“必须”，一是必须采用书面形式，不能搞口头约定或“君子协定”；二是双方必须遵循平等、自愿、协商一致的原则，不能因就业难就什么条件都答应对方，更不能签订“生死合同”；三是必须把合同里面的条款认真解读明白；四是必须慎交押金，法律禁止企业与职工订立劳动合同时采取先交押金后签合同的做法。

（3）要选择合适的工作

学生利用假期和休息时间打工，其特点具有临时性、阶段性、实践性，因此，要选择既能锻炼自己，又适合自己做，并有合理报酬的工作。

①选择和自己所学专业以及将来准备从事的工作相近又适合学生打工的工作。例如家教、临时行政服务、文秘、解说等。

②选择和学校作息、自己学习等无矛盾冲突的工作。例如，打工时间最好安排在节假日或休息时间内。

③选择无风险和危险性的工作。例如，最好不要去有风险，或者需要做出一定承诺，抑或污染严重、事故多发的行业和单位打工。

（4）要通过合法和诚实的劳动获得报酬

学生打工，不能只考虑经济实惠，还要注意自己的身心健康，更要注意社会责任和社会效果。因此，必须通过合法和诚实的劳动获得合理的报酬，绝不挣不干净的钱。

①不到没有合法手续或生产、销售伪劣商品的公司打工。

②不做法律禁止的事情，例如参与传销、替别人考试当枪手等。

③不做有损学生身心健康、违背道德、伤风败俗的事情，例如家庭陪聊、歌舞厅坐台、陪歌、陪舞、陪酒等。

（5）要防止意外伤害事故的发生

在打工过程中要树立安全意识，随时警惕以防各种意外伤害事故的发生。

①要树立证据意识。解决劳动纠纷、打劳动争议官司，都必须以事实为证据。为保证自己的合法权益，平时要注意保存诸如押金的收据、拖欠工资的欠条、双方签订的合同协议等证据资料，以备在需要时使用。

②保管好有关证件。在求职中一般需要用到的证件主要有身份证、毕业证、荣誉证、各种资格证、就业协议书等，这些证件表明就业、打工者的法律身份、能力和荣誉，用（招）工单位无权扣留，个人应妥善保管。

③要了解、熟悉自己打工所从事的工作性质。其中不安全的因素有哪些，有无易燃、易爆、易传染疾病、伤害身体的问题，有何预防措施等。

④要熟悉自己打工处所的工作环境是否符合安全要求，其安全设施是否完好，有无应急预案，一旦发现问题，自己有何自救应急办法。了解自己打工所从事的工作存在的最大安全隐患——对现实隐患及潜在隐患都要心中有数，做到防患于未然。

第二节　安全防范与应急处理

一、安全防范

（一）学校对学生安全防范的基本要求

同学们在安全防范方面应该做到：遵守学校规章制度，服从学校的教育和管理，禁止起哄滋事、打架斗殴；禁止私藏、携带、使用管制刀具；禁止私拉电线、违规使用大功率电器；禁止通宵上网、夜不归寝；禁止下江、河、湖、塘游泳；禁止违反交通规则、随意横穿马路；禁止高空攀爬、进入危险场所；遵守学校、学院规定的其他安全防范要求。

（二）新生军训时要注意的问题

军训期间要多注意补充水分，多喝运动饮料、茶水和盐水；合理补充营养，多吃一些肉类、蛋类；要注意个人卫生，注意休息。

军训中要讲“坚持再坚持”，但如果真感觉身体不适，实在坚持不下去，一定要休息，不要硬撑，防止出现意外，尤其是体质较差的同学。如果感觉头晕眼花要晕倒，应立即报告教官或拽一下同学的衣角，然后原地坐下，待眩晕过后再到阴凉的地方休息一会儿，喝一些水，尽量避免直挺挺地倒下去，以免引起摔伤。休息时不论是蹲着还是坐着，起来时不可动作过猛，防止出现大脑缺血而晕厥。

（三）如何预防体育运动中的安全事故

运动前准备好，要检查自己的身体情况。学会自我监督，随时注意身体功能状况变化，若有不良症状要及时向教师反映情况，采取必要的保健措施。切忌有心脏病或其他不适合参与体育活动的疾病而隐瞒病情，勉强参加活动。

运动时讲科学，要掌握动作要领，正确使用器材，熟悉并掌握运动器材的性状、功能及使用方法。要严格遵守相关操作规程，在一些体育器械（如铅球、实心球等）的使用过程中，要注意选择适当的场地，确保自身安全，同时还要注意不要危及他人安全。运动负荷要适当。参加体育活动要根据自身的身体素质条件，选择最有利于增强体质的运动负荷。可循序渐进，由易到难，从小到大。负荷过小，对身体作用不大；负荷过大，会损害身体。只有适宜的运动负荷，才能有效地增强体质，提高健康水平。

运动后要认真做恢复整理活动，自我检查运动反应，适当补充能量。

（四）如何预防纠纷

当你预感到可能发生纠纷的时候，希望你尽力做到以下几点。

1. 冷静克制，切莫莽撞

无论争执由哪一方引起，都要持冷静态度，绝不可情绪冲动，这就要求我们讲大度，虚怀若谷。只有“大着肚皮容物”，才能“立定脚跟做人”。某古刹有一副颂扬大肚弥勒佛的对联：“大肚能容，容天下难容之事；开口便笑，笑世间可笑之人。”对于那些可能发生摩擦的小事，要宽容，一笑了之。

2. 诚实谦虚

在与同学以及其他人相处的过程中，诚实、谦虚是加强团结、增进友谊的基础，也是消除纠纷、化解矛盾的灵丹妙药。伟大的革命家、教育家徐特立说过：“任何人都应该有自尊心、自信心、独立性，不然就是奴才，但自尊不是轻人，自信不是自满，独立不是孤立。”有了诚实、谦虚的精神，在发生纠纷的时候，才能认真听取他人的意见，进行认真的自我批评，宽容他人的过失，处理好相互间的争执。要知道，在与他人的交往中，特别是在发生争执的时候，诚实、谦虚并不是什么懦弱、妥协的表现，恰恰相反，它是强大和品德高尚的表现。培根说过，“经得起各种诱惑和烦恼的考验，才算达到了最完美的心灵健康”，而“每一次的克制自己，就意味着比以前更加强大”。

3. 注意语言美

实践证明，同学之间的纠纷多数由口角引起，而口角的发生都是恶语伤人的必然结果。俗话说，“病从口入，祸从口出”“话不投机半句多”，这些都深刻揭示了语言与纠纷的辩证关系。语言美是社会主义精神文明的重要内容，“好句如花好，花新脱口香”。当你的自行车碰撞了别人，当你跳舞时踩踏了别人，你讲一句“对不起”“很抱歉”“请原谅”；或者别人撞了你，踩了你，向你道歉时，你回敬一句“别客气”“没关系”“不要紧”，紧张气氛就会烟消云散，就能收到化干戈为玉帛的奇效。要做到语言美，一是要说话和气，心平气和地与人说话，以理服人，不强词夺理，不恶语伤人；二是说话要文雅，谈吐雅致，不说粗话、脏话；三是说话要谦虚，尊重对方，不说大话，不盛气凌人。

二、应急处理

（一）遇上别人打架怎么办

如果你遇上别人打架斗殴，请别火上加油，应阻止事态扩大，并做到：不围观，不起哄，不介入任何一方。应尽力劝解。先问明情况，站在公正的立场上做双方的工作。若劝解无效，应迅速向学院辅导员、领导或保卫部门报告，以防扩大事态。打架的一方如果是你的朋友、同学或熟人，在劝解时要主持公道，不可偏袒。

在对当事双方采取隔离措施时，应当首先拉自己的同学或朋友，以免被对方误解为强解劝，或者将你当作对方的“同伙”而受到无故伤害。遇见亲友、同学与别人打架，如果是真正关心和帮助他们，就只能劝架，而绝不能讲哥们儿义气，不问青红皂白、是非曲直而帮忙打架或“事后算账”。否则，造成伤亡等不良后果必将受到校纪处分或法律制裁。当学校有关部门调查打架情况时，现场目击证人要勇于站出来提供线索和证据，以保护受害人的合法权益，使肇事者受到应有的惩处。见义勇为是每一个公民应有的美德。

（二）怎样处理好恋爱纠纷

处理恋爱纠纷，应当以双方当事人协商处理为主。因为只有当事人最清楚纠纷的原委，只要双方冷静，是不难解决的。如果协商不成，可请老师和领导出面做工作。

（1）要有诚意

不管恋爱结局如何，都要有解决问题的诚意。只有这样，双方才能在协商调解中冲破障碍，求同存异，妥善解决争端问题。

（2）严以律己，宽以待人

恋爱纠纷双方多做自我批评，防止加剧感情裂痕，铸成难以收拾的僵局。

（3）中断恋爱关系，要持慎重态度

在感情好的时候，要看到对方的短处；在发生感情裂痕的时候，要想到对方的长处。要珍惜已经建立的爱情，不要人为地制造或加大裂痕。在双方感情矛盾中，有过错的一方要主动承认错误，并用实际行动改正错误，以取得对方谅解。如果确无和好可能，或者一方坚持中断恋爱关系，那么另一方也要面对现实，为了今后的长久幸福，果断地中断恋爱关系。

（三）运动时抽筋了该怎么办

当腿部抽筋时，第一个动作就是立即休息，并将抽筋的腿部伸直（勿让膝盖弯曲），将脚板往自己身体方向下压，然后可以使用运动喷剂或药膏让腿部肌肉松弛，并用双手按摩抽筋部位，如果自己怕痛，可以请别人代劳，记得按摩一定要有疼痛感才算有效，如果旁边无人可以帮忙，则可以将双手撑住墙壁，脚跟不离地，感觉小腿筋有被拉直的感觉，进行几分钟后，再放松按摩腿部肌肉。

身体其他部位如手臂抽筋时，必须将之轻轻拉直；腹部抽筋时，轻轻把腹部垫高拉直腹肌；若是大腿前面抽筋，则可以采取蹲姿，或轻轻将手腕放在膝盖后方，将腿往后弯曲，使大腿前面抽筋部位拉直，最简单的做法就是蹲下。

（四）遇到有人触电时，正确的救护方法是什么

首先不能直接拉触电者，而应该用干竹竿、干木棒等绝缘体挑开电线，使触电者脱离电源。其次是在施行急救的过程中，一边抢救，一边打电话叫急救车；紧接着要尽快送医院，在送医院途中也应继续施行急救。

（五）不小心掉进水里了，该怎么办

①保持镇静，采取仰面位，即在水中头顶后仰，口鼻向上并竭力露出水面，同时大声呼救。

②呼吸时要注意做到呼气浅、吸气深，并尽量防止发生呛水。

③不要向上伸手臂进行挣扎，这样只能使人加速下沉。

④因腿抽筋不能游泳导致下沉时，应及时呼救，如附近无人，则应保持镇静，并设法向浅水或岸边靠近。

（六）地震中逃生的法则是什么

为了自己的人身安全，应该躲在桌子等坚固家具的下面；摇晃时应立即关火，失火时应立即灭火；不要慌张地向户外跑；将门打开，确保出口通畅；在户外场合要保护好头部，并避开危险之处；在百货公司、剧场等公共场所应该依工作人员指示行动。

（七）如果被埋在废墟下面应怎么做

应保存体力，尽量保持冷静，设法自救；无法脱险时，尽可能寻找水和食物，创造生存条件，耐心等待救援。

（八）在集体场合应该怎样应对突发地震

在教室上课时，要在教师指挥下迅速抱头、闭眼、躲在各自的课桌下；在操场或室外时，可在原地蹲下，双手保护头部，注意避开高大建筑物或危险物，不要回到教室去；震后应当有组织、有次序地撤离，千万不要跳楼，不要站在窗外，不要到阳台上去，必要时应在室外上课。

（九）防雷电危险的措施包括哪些

遇见雷电时，千万不要惊慌失措。可采取的措施有：留在室内，并关好门窗。在室外工作的人员应该躲入建筑物内。不宜使用无防雷措施或防雷措施不足的电视、音响等电器，不宜使用水龙头。切勿接触天线、水管、铁丝网、金属门窗、建筑物外墙，远离电线等带电设备或其他类似金属的装置。减少使用电话和手提电话。切勿游泳或从事其他水上运动，不宜进行室外球类运动，离开水面以及其他空旷场地，寻找地方躲避。切勿站立于山顶、楼顶或其他接近导电性高的物体。切勿处理开口容器盛载的易燃物品。因在旷野上而无法躲入有防雷设施的建筑物内时，应远离树木和桅杆。在空旷场地不宜打伞，不宜打羽毛球，不宜开摩托车、骑自行车。

第四章 大学生生活

第一节 饮食供应

一、饮食供应地点

学校设有 3 个食堂，分别为第一食堂、第二食堂、第三食堂。建筑总面积达 12 210 平方米，共有 5 800 多个就餐座位。第一食堂和第二食堂还设有自选餐厅，广大师生可在自选餐厅内自主选购自己喜欢的菜品，享受自助式餐饮服务。食堂实现了不锈钢化，配有电蒸饭柜和电消毒柜，配备餐盘、筷子、勺子等公共餐具，所有餐具均经过严格的消毒；为满足广大师生员工的需要，学校同时设有兰州拉面、河南大饼、福鼎肉片等特色摊点小吃。师生用餐实行刷卡消费。

二、饭卡购买及充值

新生入学时，学校将在报到地点统一办理饭卡，饭卡免收工本费，学生可根据需要为饭卡充值，充值金额不限。给饭卡充值时需先填写饭卡充值单，并凭饭卡充值单进行饭卡充值，具体操作如下：

①详细填写饭卡充值单上的班级、姓名、卡号、金额（大小写）等项目。

②工作人员凭饭卡充值单充值。

③充值时看清充值金额。

④在离开柜台之前当面点清现金。

⑤充值时间：

周一至周五：8：30—15：50

周六至周日：9：00—12：00

14：00—15：50

三、饭卡挂失、补卡及退卡

饭卡丢失，可到食堂二楼后勤集团财务室办理挂失手续；若饭卡遗失后要补卡，挂失完成后请于次日上午 10：00 后办理。毕业时统一办理退卡手续，退还卡中余额。

四、文明用餐

用餐时自觉遵守秩序；用餐后主动把餐盘送到收餐台；讲究卫生，践行“光盘行动”，不浪费粮食。

第二节　公寓管理

一、公寓户型

学校建有两种户型的学生公寓，共 21 栋：第一种是三室一厅的套间（可住 18 人，第 1 至第 16 栋学生公寓属于此种结构），此类公寓内设卫生间、客厅，并配有电视机和饮水机，饮水机中的水可以直接饮用。热水可以供应到每套公寓。第二种是四人间（第 18 栋至第 21 栋学生公寓属于此种结构），建有卫生间，配置饮水机，供应热水和直饮水，每个楼层大厅都配有电视机。

二、公寓供电

为加强学生公寓的用电管理，学校采用了目前较为先进的智能集中管理系统。

1. 学生公寓免费供电有关规定

①所有在校学生均可享受 3 度/月・人的免费用电，学校后勤集团每月月底将每位学生下月可享受的免费电量输入各公寓电表。

②当每月免费提供的电量用完后，系统将自动切断该寝室电源，待该套公寓的学生重新购电后，系统才自动恢复供电。

2. 用电负荷管理

①“智能集中管理系统”将控制每套公寓的最大用电负荷。学生公寓不允许使用大功率电器（指功率大于 500W 的电器，如电炉、热得快、电水壶、电饭煲等），当使用大功率电器时，电表系统会自动断电警告 2 次，5 分钟后恢复，若不卸荷，将导致该套公寓的电源被切断。

②凡属于超负荷用电造成的系统自动断电，一律由本公寓学生写出书面检查，经班

主任签字，由所在学院盖章后交系统管理中心恢复供电。

③系统管理员在电脑中随时监测每套公寓的用电负荷，为用电安全检查提供依据。

④系统核定用电负荷后，如要增加负荷，必须填写用电申请交班主任签字，经所在学院盖章批准后，方能由系统管理中心增加用电负荷。

3. 用电查询

①管理员可通过计算机查询各套公寓的已用电量和剩余电量以及当前的用电负荷等数据。

②学生可以到系统总控室查询本套公寓的已用电量和剩余电量。

③每个四合院值班室门口设有剩余电量公告牌，学生可到剩余电量公告牌查看本套公寓的剩余电量情况，便于及时购电。

4. 断电时间

为了保证学院正常的生活和学习，培养学生良好的生活习惯，学校根据学生寝室管理规定和学院有关规定，除大厅、卫生间、路灯、夏季电风扇，其余实行定时供应制度。

公寓断电时间：

周一至周四：23：00—次日 6：00

周五至周六：24：00—次日 6：00

周日：23：00—次日 6：00

5. 购电时间、地点及价格

学生可按学校后勤集团规定的作息时间购电，购电地点设在学生公寓第 18 栋一楼后勤服务窗口。购电价格按照供电部门收费标准执行。

三、公寓供水

1. 自来水供应

学院在生活区和教学区都铺设有完善的自来水管网，用水非常方便，目前自来水免费供应。

2. 直饮水供应

学校投资 150 多万元建成全校直饮水生产和管道供水系统，该系统可以为教学区、生活区、办公楼、实训楼供应直接饮用水，其生产的饮用水符合国家生活饮用水的相关标准，可以直接饮用。直饮水管道直通每栋宿舍楼的每套公寓，每套公寓内均安装有冷、热两用直饮水机，可保证 24 小时供水。每栋教学楼和实训楼的各楼层均安装有直饮水平台，学生只要伸手一按即可饮用到干净卫生的直饮水；教师休息室也安装有饮水机，保证教师上课期间的饮水需要。因直饮水的生产和供应成本较高，只供饮用，切勿浪费或改作他用。

3. 热水供应

学校投资近千万元安装了热水供应系统。一是建有太阳能热水供应系统，该系统的供水管道可通往学生公寓楼的每个房间，学生足不出户即可满足洗浴的需要。二是建有柴油锅炉辅助加热系统和空气源热泵辅助加热系统，这是为保证阴雨天的热水供应而准备的。学生使用热水实行刷卡消费。

（1）热水卡的购买和充值：

①购买热水卡请到后勤服务窗口（学生公寓第18栋一楼）处购买（50元/卡）。

②因热水卡没有挂失功能，如热水卡不慎丢失，请重新购买。

③热水卡卡中余额低于2元时，可到食堂二楼后勤集团财务室充值，每次充值至少50元。

（2）热水卡使用说明：

①将热水卡在卡机的感应区内靠卡一次（靠卡时，读卡器就会显示1.82元数字）。

②完全打开热水阀，并配合使用冷水阀以调节水温。

③本卡靠卡一次约可使用10分钟，如果超过10分钟，热水龙头将自动停止热水供应。当读卡器上显示的金额递减到0.5～0.2元时，必须靠卡一次，余额收回；当读卡器显示的金额为0时，热水龙头就会被锁，若要继续淋浴，则必须重新靠卡。如果热水卡被锁，可到食堂二楼充电卡处解锁。

④洗浴完毕，请用热水卡在卡机感应区内靠一下，热水即停，同时停止计费（开、停水只能使用同一张热水卡）。

⑤使用完毕请关上冷、热水阀。

⑥如热水卡不能使用或不能扣款、无任何显示，可到后勤服务窗口解锁。

（3）热水供应时间：

男生宿舍：17：00至19：00

女生宿舍：

第一次供水：16：00至17：00

第二次供水：21：30至22：30

4. 开水供应

学校在每个四合院的值班室（第20栋和第21栋在每层的学生活动室）均装有电开水器，需购卡和充值者可到学生宿舍第18栋一楼的后勤服务窗口购买热水卡或为热水卡充值。

5. 公寓家具及水电维修

公寓水电设施、家具、门、窗等设施需要维修时，可以通过手机微信进行报修，具体流程如下：

①打开微信搜索栏输入“后勤管理与服务中心后勤宝”，并点击关注公众号。

②进入“后勤宝”主页面，点击报修，再点击“我是你的骨哨，随叫随到”进入报修页面，根据页面提示选择报修区域，填写详细地址，选择报修项目，填写报修详细、预约时间、报修人和联系方式，上传图片并提交报修申请。

③报修订单提交后进入报修审核程序，经后勤工作人员审核完，系统会自动把报修订单派送给维修师傅。维修师傅收到派工单后会尽快与报修人进行联系，了解情况后会及时处理报修订单，在报修订单处理完后点击已完工。

④评价提示：感谢你使用后勤管理与服务中心后勤宝，请对维修服务给予评价并提交。

第三节 医疗保障

一、医疗机构设置

学校在章贡校区和黄金校区均设有医务所，其中黄金校区医务所设在学生公寓第18栋一楼，医务所全天24小时为广大师生提供医疗服务。

二、医疗服务

学校医务所为广大师生提供一般疾病治疗、健康咨询、健康体检、应急医疗处理等项目的医疗服务。

三、大学生医保

1. 医保手续的办理

新生入校后，学校学工部将在当年9月1日—9月30日内，统一为新生办理城镇居民基本医疗保险参保登记手续，大学生参加城镇居民基本医疗保险结算年度（即待遇享受期）为每年9月1日—次年8月31日。办理参保登记后，自9月1日起开始享受相应的医疗待遇，至次年8月31日止。

2. 参保学生门诊治疗有关规定

大学生普通门诊凭医疗保险IC卡原则上在校医务所刷卡就诊，大学生普通门诊发生的符合“三个目录”（包括药品目录、诊疗项目、服务设施）范围以内的医疗费用，原则上由门诊统筹基金补偿80%，其余20%由学生个人承担，在一个结算年度内门诊统筹补偿最高限额为每人130元。大学生因病情需要，经校医务所批准转到中心城区其他定点医疗机构门诊就诊的，发生的费用先由大学生现金全额支付，再由其个人凭相关资料和票据回校医务所报销。

3. 参保学生住院治疗有关规定

参保大学生因疾病需住院治疗的，持本人学生证、医保IC卡到赣州市基本医疗保险定点医疗机构就诊，发生符合“三个目录”范围内的医药费用按规定由统筹基金补偿部分通过医保系统实时报销，按规定需学生个人负担的部分由学生个人现金支付。

4. 大病补充医疗保险

为减轻大学生大病医疗费用负担，大学生在参加城镇居民基本医疗保险的同时，应当参加城镇居民大病补充医疗保险。大学生参加城镇居民大病补充医疗保险筹资标准为每人每年15元，由学生个人缴纳。参保大学生因疾病住院的，按照以下标准补偿，一个结算年度最高补偿限额为12万元（其中符合“三个目录”的医药费用，由居民医保统筹基金最高补偿3万元；3万元以上的部分，再由居民大病补充医疗保险最高补偿9万元；两者合计最高补偿限额为12万元），具体见表4-1。

表4-1　参保大学生因病住院补偿标准

医院级别	一级医院	二级医院	三级医院	转统筹地区以外医院
起付标准（元）	100	300	500	600
统筹基金补偿比例	75%	65%	55%	45%

5. 参保学生异地就医有关规定

参保大学生因病情需要确需到市外或省外转诊转院治疗的，应填写《赣州市基本医疗保险市外转诊转院申报审批表》，经本市三级定点医疗机构同意，办理好转诊转院的相关手续，到批准的指定医院就诊。转诊转院治疗发生的医药费用由学生个人先行垫付，治疗终结后凭学生证、医保IC卡、定点医疗结构转诊转院证明、疾病诊断证明书、出院小结、住院发票原件、费用清单（需加盖医院结算印章）直接到校医务所通过医保系统审核报销。

参保大学生在外地实习期间、寒暑假、因病休学及法定节假日等不在校期间，因患病需异地门诊或急诊住院的，可就近在当地就医，并在进行门诊或入院三天内须通过电话等方式告知校医务所。发生的医药费用先由学生个人现金支付，医疗终结后凭疾病诊断证明书、门诊发票或住院发票原件、出院小结、费用清单（需加盖医院结算印章）等资料直接到校医务所通过医保系统审核报销。

6. 其他

参保大学生因疾病或没有第三方责任的意外事故死亡的，原则上由统筹基金一次性支付死亡补偿金10 000元，死亡补偿金由法定受益人到医保经办结构领取。

参保大学生因以下情况发生的医药费用，医保统筹基金不予补偿：

①“三个目录”范围以外的医疗费用；

②未按规定办理转诊转院手续，或在非定点医疗机构诊治产生的医疗费用，或自行到赣州市以外的医疗机构诊治产生的医药费用；

③交通事故、服毒自杀、自残自伤、酗酒、打架斗殴、犯罪行为所导致的医药费用；

④其他按规定不予补偿的医药费用。

第四节 交通出行

1. 学校配备有2辆大客车，每天往返于章贡校区和黄金校区。为方便学生进出市区，每周六和周日对学生开放，票价为1元/人次。

2. 赣州市公共交通公司也开设有117路公交车以便学生进出市区，该公交车的起点站是市中心南门口站，终点站为高校园区康洋加油站。

第五章　大学生学习

第一节　高等职业教育概述

高等职业教育是我国普通高等教育的重要组成部分，高等职业教育的规模扩张，推动了高等教育的巨大发展，实现了从精英教育向大众化教育的迈进，为我国整个民族素质的提高和综合国力的增强起到了巨大的推动作用。

一、高等职业教育的性质和特点

1997 年，联合国教科文组织颁布了《国际教育标准分类》。《国家教育标准分类》将大学教育（5 级）分为学术性为主的教育（5A）和技术性为主的教育（5B）。对技术性为主的教育（5B）其描述为："课程内容是面向实际的，是分具体职业的，主要目的是让学生获得从事某个职业或行业或某类职业或行业所需的实际技能和知识，完成这一级学业的学生一般具备进入劳务市场所需的能力和资格。"从《国家教育标准分类》可以看出，5B 就是我们现在所讲的高等职业教育，它的发展是世界教育的总趋势，而不是一个国家独有的现象。《国际教育标准分类》的颁布，使高等职业教育得到了国际上权威性的确认。我国 1996 年颁布的《中华人民共和国职业教育法》第 13 条指出："高等职业学校教育根据需要和条件由高等职业学校实施，或者由普通高等学校实施。"我国 1998 年颁布的《中华人民共和国高等教育法》第 68 条明确指出："本法所称高等学校是指大学、独立设置的学院和高等专科学校，其中包括高等职业学校和成人高等学校。"这里非常明确地把高等职业学校作为高等教育的一部分确定了下来。1999 年 6 月，中共中央、国务院颁布了《中共中央、国务院关于深化教育改革全面推进素质教育的决定》。该决定指出："高等职业教育是高等教育的重要组成部分。要大力发展高等职业教育，培养一大批具有必要的理论知识和较强实践能力，生产、建设、管理、服务第一线和农村急需的专门人才。"

我国高等职业教育是教育部为了适应我国高级技能人才紧缺的国情，结合国际职业教育发展的总趋势提出的一个新的教育体系。高等职业教育强调理论学习和实践训练并重，强调以就业为导向，毕业生有直接上岗工作的能力，在就业市场更具竞争力。高等职业教育具有针对性强、企业认知度高、紧跟市场需求、培养目标明确等特点。

我国高等职业教育经过多年的发展，在高等教育领域，无论是学校数量还是在校生数量，都已经占据了“半壁江山”。1999 年，党中央、国务院决定大幅度扩大高等教育招生规模，并将招生计划增量部分主要用于发展高等职业教育。2002 年，国务院颁布了《关于大力推进职业教育改革与发展的决定》，至 2005 年年底，全国共有独立设置的高职高专院校 1 091 所。截至 2013 年 6 月底，全国共有独立设置的高职高专院校 1 321 所，占普通高校总数的 60%；在校生 1 000 多万人，占全日制普通高校本专科在校生的 50% 以上。

2014 年国务院颁布了《关于加快发展现代职业教育的决定》。该决定明确了今后一个时期加快发展现代职业教育的指导思想、基本原则、目标任务和政策措施，提出“到 2020 年，形成适应发展需求、产教深度融合、中职高职衔接、职业教育与普通教育相互沟通，体现终身教育理念，具有中国特色、世界水平的现代职业教育体系”，指出加快发展现代职业教育，是党中央、国务院做出的重大战略部署，对于深入实施创新驱动发展战略，创造更大人才红利，加快转方式、调结构、促升级具有十分重要的意义。中国职业教育事业快速发展，体系建设稳步推进，培养培训了大批中高级技能型人才，为提高劳动者素质、推动经济社会发展和促进就业做出了重要贡献。中国发展仍处在大有可为的重要战略机遇期。促进经济提质增效升级，满足人民群众生产生活多样化的需求，必须把加快发展现代职业教育摆在更加突出的战略位置。该决定提出，要牢固确立职业教育在国家人才培养体系中的重要位置，以服务发展为宗旨，以促进就业为导向，适应技术进步和生产方式变革以及社会公共服务的需要，培养数以亿计的高素质劳动者和技术技能人才。一是要加快构建现代职业教育体系。统筹发展各级各类职业教育，引导一批普通本科高等学校向应用技术类型高等学校转型，加强职业教育与普通教育的沟通，积极发展继续教育，打通从中职、专科、本科到研究生的上升通道，为学生多样化选择、多路径成才搭建“立交桥”。二是要激发职业教育办学活力。充分发挥市场机制作用，引导社会各界特别是行业企业积极支持和投身职业教育，激发学校发展活力，完善现代学校制度。三是要提高人才培养质量。深化产教融合、校企合作、工学结合，推动专业设置与产业需求对接、课程内容与职业标准对接、教学过程与生产过程对接、毕业证书与职业资格证书对接、职业教育与终身学习对接，提高人才培养质量，强化职业教育的技术技能积累作用。四是要提升发展保障水平。发挥好政府保基本、促公平的作用，完善经费稳定投入机制，加大对农村和贫困地区的支持力度，健全就业和用人保障政策。五是要加强组织领导。强化督导评估，减少对学校教育教学具体事务的干预。引导全社会确立尊重劳动、尊重知识、尊重技术、尊重创新的观念，促进形成“崇尚一技之长、不唯学历凭能力”的社会氛围。

二、国外高等职业教育的发展

从20世纪初以来，特别是最近几十年来，世界各国的高等教育，包括本科教育，都进行了大幅度的改革，出现了向职业化、实用化、大众化和普及化发展的趋势。结果，一方面传统大学的面貌有了很大的变化；另一方面，一种与传统大学有着明显不同特点的所谓“非大学”类的高等教育得以迅速发展起来，它发展速度快，规模很大，不仅对各国高等教育的发展起了很大的作用，而且对各国的政治、经济生活等各方面都产生了巨大的影响，这类高等教育即为高等职业教育。

综观这些国家高等职业教育迅速发展的主要原因，具体有两个方面：第一，现代经济迅速发展，科学技术不断进步，第三产业越来越发达，各行各业生产第一线都迫切需要大量的技术人员、管理人员和基层骨干。高等职业教育正是适应这种状况，为培养这一类人才服务的。第二，由于普通高中教育的发展和普及，例如日本20世纪60年代就有93%的初中生可升入高中继续学习，基本上普及了高中教育；美国的情况亦是如此，大量接受过普通高中教育的毕业生，为了就业并寻找到好的工作岗位，迫切要求进入大学学习。高等职业教育正是适应这两方面的需要而发展起来的。

国外高等职业教育最明显的特点，是它的实用性和大众化。因为实用性，故其专业设置、学习内容均强调密切结合社会职业岗位的实际需要，强调所学知识的实用性和实际工作能力的培养，毕业生就业率高；同时，因为大众化，它的学制短，又是就近入学，花费少，能适应许多青年的入学要求。从这一角度讲，以上两点是国外高等职业教育和传统大学最重要的区别，也是国外高等职业教育能够迅速发展的重要原因。总之，近年来国外高等职业教育发展迅速，而且已趋于成熟。

欧美国家典型的人才培养模式有如下几种。

1. 德国“双元制”模式

“双元制”是德国国家立法支持、校企合作共建的一种办学制度。“双元制”中的一元是指职业院校，其主要职能是传授与职业有关的专业知识；另一元是企业或公共事业单位等校外实训场所，其主要职能是让学生在企业等校外实训场所接受职业技能方面的专业培训。这种“双元制”模式针对性较强，重能力，能充分调动企业办学的积极性。在这种制度保证下，企业不仅会制订完善的培训计划，促进专业理论与职业实践相结合，强化技能培养，而且能提供充足的培训经费，使教学有足够的经济保证。这种模式对德国高素质劳动者的培养，产品的高质量，以及保持其经济在国际上的竞争力，都起着重要的作用。但其对企业的过分依赖，培训职业的过分专业化，使其极易受到经济发展起伏的制约。

2. 美国、加拿大的 CBE 模式

“以能力为基础的教育”（Competency Based Education，简称 CBE）产生于第二次世界大战之后，现在广泛应用于美国、加拿大等北美的职业教育中，也是当今一种较为先进的职业教育模式。其主要特点是：首先，由学校聘请行业中一批具有代表性的专家组成专业委员会，按照岗位群的需要，层层分解，确定从事这一职业所应具备的能力，明确培养目标。其次，由学校组织相关教学人员，按照教学规律，将相同、相近的各项能力进行总结、归纳，构成教学模块，制定教学大纲，依此施教。其科学性体现在它打破了传统的以公共课、基础课为主导的教学模式，强调以岗位群所需职业能力的培养为核心，保证了职业能力培养目标的顺利实现。

3. 以英国、澳大利亚为代表的 CBET 模式

“以能力为本位的教育和培训”（Competency Based Education and Training，简称 CBET），其特点是依赖职业能力分析的结果，确立权威性国家能力标准。通过与这些标准相比较，可确定学员的等级水平。所谓国家能力标准，指的是按照就业中所必须履行的工作职责和所必须执行的工作任务，就其所涉及的知识、技能以及这些知识、技能的应用所做的明确说明。国家能力标准的确定，可以使有关方面据此颁发全国通用的职业资格证书，也能够使每一个普通公众从不同阶段，以不同的水平或方式进入职业教育体系，并可以在这一体系中经过自身的不断努力取得所需要的职业资格。由此可见，CBET 在学习成果的认可上，体现了很强的灵活性和开放性。这种模式能增进公众与各行业对国家证书整体上的认可和信心。

三、我国高等职业教育的发展

高等职业教育作为我国教育体系一个重要分支，承担着为国家经济建设培养技术技能人才的重任。因此，探讨我国高职教育目前存在的问题并研究其应对策略，对于当前的高等教育事业和国家的经济建设都有着举足轻重的作用。

（一）我国高职教育发展的简要回顾

1. 职业大学兴起阶段（1980—1990 年）

20 世纪 80 年代初，一批以“收费、走读、不包分配”为特点而明显区别于普通高校的地方职业大学诞生，标志着我国高等职业教育的正式起步。

2. 多种类型的高职院校兴起阶段（1990—1998 年）

1994 年全国教育工作会议提出：通过现有职业大学、部分高等专科学校和独立设置的成人高校改革办学模式、调整培养目标来发展高职教育，并利用少数具备条件的重点中专改制或举办高职班等方式作为补充，此即我国“三改一补”的高职教育基本方针。1996 年颁布的《中华人民共和国职业教育法》和 1998 年颁布的《中华人民共和国高等教育法》，正式确立了高等职业教育的法律地位，推动我国高职教育走上了依法办学的新阶段。

3. 高职院校蓬勃发展阶段（1999 年至今）

1999 年，党中央、国务院在《关于深化教育改革全面推进素质教育的决定》中首次提出“大力发展高等职业教育”。随着当年开始的全国高等院校大规模扩招，以独立设置的高职院校迅速增长为主要标志，我国高职教育得到了蓬勃发展；同时，教育部将原有的高职、高专和成人高校合称为“高职高专教育”进行统筹，以形成培养技术技能人才的合力。

（二）我国高职教育的现状

1. 发展的基本理念

（1）以服务为宗旨，以就业为导向，走产学研结合之路的理念

立足于高等教育层次，突出职业教育特点，建设以服务为宗旨、以就业为导向、走产学研结合之路的高等职业教育，已成为我国高职教育的共识，也正在为全社会逐步认可和接受。教学目标的基点是如何使受教育者具备从事某一特定的职业所必需的能力，高职教育已成为一种谋生教育。

（2）以培养技术技能人才为定位的理念

高职人才培养的基本特征是：以培养技术技能人才为根本任务；以满足社会需要为目标，以培养职业岗位技术技能为主线设计学生的知识、能力、素质结构和培养方案；毕业生应具有基础理论知识适度、技术应用能力强、知识面较宽、素质高等特点；以“应用”为主旨和特征构建课程与教学内容体系；实践教学的主要目的是培养学生的技术应用能力，且这在教学计划中占有较大比重；“双师型”教师队伍建设是提高高职教育教学质量的关键；学校与社会用人部门结合、师生与实际劳动者结合、理论与实践结合、工学交替是人才培养的基本途径。

（3）按社会需求设置专业的理念

专业设置逐步从“条件驱动”向“需求驱动”转变，只要有岗位需求，就可以设置专业。实践教学体系和理论教学体系同等重要，教学内容和教学方法改革、产学研结合、质量保障体系改革等，成为高职教育改革的主旋律。

（4）产学结合的理念

高职教育中产学结合是学院与社会直接结合的形式，是企业参与教育教学、学生参与社会实践的过程。产学结合的教学模式使德国从废墟中崛起，使日本从低谷中起飞，使美国短期内成为经济发达国家，这使世界其他国家更清醒地认识到产学结合的必要。

产学结合的教学模式是高等职业教育更好适应劳动力市场的需要，也是高等职业教育实现“以服务为宗旨，以就业为导向”的基本途径。

（5）终身教育的思想

建立学习型社会和终身教育体制是21世纪教育的一个重要发展趋势，许多发达国家为了增加劳动力的可持续发展能力，都在纷纷制定实施终身职业技术教育的政策。德国、美国、日本、英国等国家都制定了实施终身职业技术教育的政策和法规。联合国教科文组织第18届大会通过的《关于职业技术教育的建议》要求各国政府把职业教育贯穿于人的一生之中。这就要求高等职业教育具有较大的灵活性和适应性。高职院校在办学中应尽可能综合化、拓宽专业服务面、培养复合型人才，形成适应发展需求、产教深度融合，具有中国特色、世界水平的现代职业教育体系。

2. 发展的几种基本模式

（1）办学模式

目前，我国高职教育已经有了较大发展，呈现出多元办学的格局。其办学校模式主要有国家举办、个人举办、企业举办等，其中还有国有民营、股份制、集团化、混合所有制等多种模式。

（2）人才培养模式

目前，国内比较成熟的高职人才培养模式有：产学研结合模式、校企合作模式、订单培养模式、“2+1”模式、顶岗实习模式、工学交替模式等。此外还有能力本位型、任务驱动型、项目导向型等模式。

（3）教学基本模式

目前，我国高职教育领域比较成熟的教学模式有：教学做融合的教学模式、学校教学与岗位标准合一的教学模式、理论教学与实践教学合一的教学模式、“讲、练、评”一体化的教学模式等。为了突出应用性，还有不少学校采取“项目—达标”教学模式、“情景—互动”教学模式、“认知—思辨”教学模式等。在教学评价方面也做出了相应改革，打破了一张考卷“定乾坤”的传统做法。

总之，当前我国高职教育改革坚持以人为本，强化素质教育；坚持以能力为本位，深化产学合作；坚持办学模式与教学模式多元化，优化师资队伍。虽然也存在不少困难，但也呈现出喜人的一面：社会生源充足、办学方式灵活、学生实践动手能力强、学生就业率普遍高于普通本科院校等。因此，展望未来，具体教育单位厘清思路，结合市场办出特色，学校和教育主管部门加强指导和监督管理，国家宏观政策支持和调整等，这些都将保证我国高职教育朝着健康有序的方向发展。

四、我国加快发展现代高职教育的重要意义

1. 发展现代高等职业教育是推动经济转型的迫切要求

目前，我国正处在全面建成小康社会的决胜阶段，处于加快转变经济发展方式、推动经济结构战略性调整的关键时期，面临着极为错综复杂的形势。从国际来看，国际金融危机影响仍在持续，国际市场争夺更趋激烈，我们必须加快转变经济发展方式，赢得国际竞争的主动性。从国内来看，我国正处于经济增长速度换档期、结构调整阵痛期、前期刺激政策消化期三期叠加的阶段，发展中不平衡、不协调、不可持续问题依然突出，发展方式依然粗放，经济下行压力依然较大。应对发展中面临的资源环境约束加剧、生产要素成本上升、就业总量和结构性矛盾突出等诸多挑战，迫切需要加快经济转型升级的步伐。提高经济发展质量和效益，很大程度上取决于先进技术的学习、转移、应用和积累，取决于掌握现代技术技能高素质劳动者的培养。因此，推动中国经济向中高端升级，必须加快发展与技术进步和生产方式变革以及社会公共服务相适应、产教深度融合的现代职业教育，建立与现代产业体系相适应的现代职业教育体系，突破产业转型升级的瓶颈，为经济升级提质增效提供技术技能人才支撑。

2. 发展现代高等职业教育是实现产业升级的必然要求

产业结构调整的过程往往是技术进步的过程，更是劳动力结构调整的过程。实体经济竞争力与现代职业教育体系的相互依存，是经济发展的一条重要规律。纵观世界各国特别是国家竞争力排名位居全球前列的国家（如德国、瑞士，其中瑞士连续四年排名第一），无不把职业教育作为治国理政的国家战略。金融危机爆发后，发达国家在总结危机原因和教训的基础上，纷纷提出了再工业化战略，并把发展职业教育作为重振经济的重要支撑。德国提出实施工业 4.0 国家战略；美国提出要打造世界一流的劳动力，重返制造业巅峰的战略；英国颁布了国家技能战略。目前，我国经济总量已跃居世界第二位，社会生产力、综合国力、科技实力迈上了一个新的台阶，但同时必须看到，我国改革开放 40 年来经济的快速发展，很大程度上得益于全球制造业向我国的快速转移和受过基础教育的低成本劳动力的快速增长，随着我国人口、资源、环境的压力越来越大，这样的发展方式越来越受到各方面因素的制约。无论是巩固农业基础地位，大力调整制造业，还是加快发展现代服务业，都离不开教育、人才、科技的升级，离不开职业教育培养的高素质劳动者和技术技能人才。

3. 发展现代高等职业教育是实施创新驱动发展的客观要求

党的十八大做出了实施创新驱动发展战略的重大部署。习近平同志深刻指出，物质资源必然越用越少，而科技和人才却会越用越多。要推动新型工业化、信息化、城镇化、农业现代化同步发展，必须及早转入创新驱动发展轨道，把科技创新潜力更好地释

放出来，充分发挥科技进步和创新的作用。目前我国人均 GDP 已超过 6 700 美元，已实现了由“市场驱动”和“要素驱动”向“效率驱动”的转变，进入了由“效率驱动”向“创新驱动”转变新的发展阶段，经济持续增长必须更多依靠技术创新，这是经济发展的客观规律。要推动新型工业化、信息化、城镇化、农业现代化同步发展，必须及早转入创新驱动发展轨道，把科技创新潜力更好地释放出来，充分发挥科技进步和创新的作用。当前，新工业革命正在全球兴起，智能化技术在现代农业、制造业和服务业广泛应用，文化创意和设计产业迅猛发展，科技成果转化和产业更新换代周期越来越短。应对新工业革命的挑战，增强我国产业的国际竞争力，关键是要靠科技进步、劳动者素质提高、管理创新驱动。在这个进程中，将大量创新成果转化为现实生产力，迫切需要加快发展现代职业教育，培养服务一线的高素质劳动者和技术技能人才，促进先进技术转移扩散和转化应用。

4. 发展现代高等职业教育是保障改善民生的现实要求

就业是民生之本。职业教育与其他教育相比，最突出的一个特点就是其直接面向就业特别是青年就业。加强职业教育，加快构建以就业为导向的现代职业教育体系，提升劳动者的就业创业能力，是提升就业质量、增强就业稳定性的有效途径。近些年来，职业教育每年培养近 1 000 万名毕业生，其中 90% 以上来自农村家庭，高职毕业生的初次就业率高于“985”院校、“211”院校和其他本科院校，促进了农村家庭学生带技能转移、带知识转变为新市民和新产业工人，这是我国职业教育最重要的一个贡献。保障和改善民生，必须加快发展面向农村的职业教育，健全面向全体劳动者的职业教育培训制度，完善职业教育领域的学生资助等政策，使职业教育切实成为城乡劳动者实现体面劳动，过上有尊严生活的强大助推器。

5. 发展现代高等职业教育是调整教育结构的重点任务

党的十八大在全面建成小康社会目标中明确提出“全民受教育程度和创新人才培养水平明显提高，进入人才强国和人力资源强国行列，教育现代化基本实现”的奋斗目标。建设人力资源强国，实现教育现代化，关键是形成结构合理、适应发展需求的教育体系结构。全球金融危机以来，分析世界各国经济社会发展进程，一个重要启示就是国家竞争力、实体经济的发展与教育结构高度相关。欧洲一些国家 20 世纪 70 年代兴起的应用技术大学，已经成为支撑产业升级和技术技能积累的重要战略平台，成为提高国际竞争力的秘密武器。西班牙等国在金融危机之后，也纷纷加快了高等教育结构的调整，探索发展应用技术类型高校。当前，我国教育结构和人才培养模式总体上还难以适应经济转型、产业升级和创新驱动的需要，高校毕业生就业难和产业转型升级人才缺乏的结构性矛盾突出。提高教育服务经济社会发展的能力水平，必须转变教育发展方式，牢固确立职业教育在国家人才培养体系中的重要位置，实现职业教育和普通教育并重发展。

要把建设现代职业教育体系作为调整教育结构的切入点和突破口，构建从中职、专科、本科到专业学位研究生的技术技能人才培养体系，引导部分本科高校实行综合改革，向应用技术类型高校转型发展，缓解就业结构性矛盾。

第二节　学习方法

联合国教科文卫组织国际教育发展委员在其所编著的《学会生存》一书中指出："大学期间，最为重要的任务不在于掌握多少现成的知识，而在于学会学习；不在于学问有多深，而在于掌握做学问的方法。只有学会了学习的技能，才能面对新知识，遇到新情况而心不发虚，从容应对。"学会学习是现代学习的一种新观点，对大学生更是如此。所谓学会，不仅仅指学习者要善于选择学习内容、学习途径、学习方式，也指学习者要使自身的学习活动符合自己的个性，构造趋向于目标的步骤，选择科学的学习方法，自如地开展学习，并能及时反馈和进行自我调控。学会学习对大学生来说，其实质性含义就是在掌握科学的学习策略的基础上，形成学习的自主性、自觉性，即不管是在学校还是走出校门，都能自主、自觉地去学习，因为我们面对的是一个需要终身学习的社会。

一、高职的教育学习特点

从中学到高职，是人生的重大转折，大学生活的重要特点表现在：生活上要自理，管理上要自治，思想上要自我教育，学习上要高度自觉，尤其是在学习的内容、方法和要求上更要高度自觉。比起中学的学习，高职的学习发生了很大的变化，要想真正学到知识和本领，除了继续发扬勤奋刻苦的学习精神外，还要适应高职的教学规律，了解、掌握高职的学习特点，选择适合自己的学习方法，构建自己的知识与技能体系，以适应社会的需要。

（一）学习的主动性

高职学习与中学学习截然不同的特点是依赖性的减少。课堂教学往往是提纲挈领式的，老师在课堂上只讲难点、疑点、重点，其余部分就要由学生自己去攻读、理解和掌握。大部分时间是留给学生自学的。而不是像中学生那样依赖教师的计划和安排，高职学生必须充分发挥自己的主观能动性，发挥自己的潜力。

高职的学习活动主要有四种形式：按教育大纲规定的实践、课堂学习活动；补充课堂学习的自学活动；独立钻研的创造性活动；相互讨论、相互启发的学习活动。在各种不同的学习形式中，我们都要发挥学习的主动性，根据自身的情况，选择适合自己的最有效的学习方法。根据自身的学习目标和专业要求，选择、吸收、消化有用的知识。

（二）学习的专业性

高职学习实际上是一种专业学习。这种专业性，是随着社会对本专业要求的变化和发展而不断发展的。事实上，从报考高职的那一刻起，就面临专业方向的选择，被录取以后，专业方向就已经基本确定。整个高职学习的内容都将围绕着这一方向来安排。

新同学应该尽快熟悉和适应学校的学习环境，包括熟悉自己所学专业的具体内容和该专业对学生的具体要求。我们应当清楚地认识到，进入高职学习是为未来职业生涯做定向准备，这与中学学习是不同的。中学教育是为未来职业生涯做最基础的准备，但高职教育就有更明确的方向性。

需要明确的一件事是，任何人所适合的职业或者专业都是一个大体的范围。我们需要牢记，无论职业选择还是专业选择，都是双向的。“选择我所喜欢的，喜欢我所选择的”。既然已经选择了这个专业，我们就应当意识到这个专业即将陪伴我们走过高职阶段的学习时间，而其日后也将成为我们融入社会、赖以生存的重要手段之一。虽然有时是专业选择了我们，我们也必须完成从不情愿到主动热爱的转变过程，逐渐了解它并尊重它。

（三）学习的广泛性

高职的学习是多层面、多角度的，这表现在两个方面：一是我们在学习过程中可以通过各种不同的途径和渠道吸收知识，也可以靠广泛的兴趣去探求课程之外的知识。除了上课之外，大家有较多的时间可供自由支配，可以在由学校提供的丰富多彩的校园活动中广泛学习，如学术报告、知识讲座、专题讨论、社会调查等。众多形式为我们从不同层次、不同角度学习知识创造了条件。二是我们在活动中可以发展自己的兴趣，不断调整、丰富自己的学习内容，形成合理的知识结构。

学科交叉、文理渗透已成为时代发展的必然趋势。精通专业又知识广博的人，才是时代最需要的人才。同学们可以在众多的学习活动中发展自己的兴趣，不断调整、丰富自己的学习内容。我们要取得事业成功，就必须同时具备道德品质素养和科学文化素养，这两方面是不可分割的，犹如一枚硬币的正反两面。

（四）学习的创造性

知识经济的本质是创新。从长期来看，我们在以后的职业生涯中，没有创新就很难有发展和进步。倘若你没有学会分析问题，不能对事物提出新的见解，不能开拓性地开展工作，那么就只能在别人的指挥下进行被动工作。

学会创造性地学习，是最可贵的，也是最困难的。这需要学生在学习中加强趋异、求新、自信、冒险、进取等品质的训练和培养，要敢于认识和研究自己所不知道的问题，善于将新的学习内容灵活地纳入已有的认知结构，从而改变自己已有的知识经验和认识发展水平，实现对自身的超越。

具有创新素质的高职生在就业市场具有更强的竞争力。有了科学方法，才有能力创造，变不可能为可能，这是创新型人才的必备潜质。微软公司在引进人才时有一套自己的方法，比如会问你“上海有多少个加油站”或“上海的出租车产业产值占上海经济总量的比例”等。这些问题当然不是考查你的记忆力和常识，事实上也不一定有什么标准答案。关键是考查你分析问题的能力以及如何找到一个恰当的切入点来回答问题。

二、高职的一天怎样度过

高等职业教育担负着培养面向生产、建设、管理、服务第一线需要的全面发展的高等技术应用型人才的重要任务。学生在校既要系统学习专业理论，又要掌握生产一线的高精技术，时间是有限的，我们必须利用好每一天的学习时间。在较短的时间内，掌握以下的学习方式方法，必定能事半功倍。

（一）课前预习

假如哪位教师走进课堂，而你课前没有预习，你就相当于是个盲人和聋人，跟在老师的屁股后面跑，跑到哪里去了都不知道。有责任心的学生肯定会强迫自己去跟踪老师，因为课前没有预习，不知道下一步老师将跑到哪里去，所以跟踪肯定会使你的神经高度紧张。根据科学家的计算，当人脑处于高度紧张状态的时候，其所消耗的能量相当于一只25W的白炽灯泡，早上吃得少，而上午要“点”四节课的“灯泡”，绝对受不了。这样下去，学习效率必将大打折扣。相反，如果课前预习了，当老师走进课堂，知道老师今天要讲什么，心中有数，当老师讲到我懂的地方，可以不听或少听，这时就比较轻松；当老师讲到我不懂的地方就认真听，紧张一点。这样上课有紧有松，就不会感到很累，学习效率就会大大提高。

（二）上课要敢于提问

老师上课前往往会叫学生提问，老师要收集学生已懂或未懂的信息，便于有针对性地讲课，作为学生就要敢于说出自己不懂的地方，这样既可以锻炼自己的口才和胆量，还可以培养自己的思维能力。一句话，只有积极参与学习活动才能提高自己的能力。

（三）老师讲课

老师讲课时一定要认真听，最好跟上老师的讲课思路，体会出老师讲课的情感。上课时往往会遇到记笔记与听课争时间的问题，这是注意力的分配问题，原则上要先认真听，只有把老师的话听懂，再压缩成少量的话写到本子上，这样的笔记才是真正意义上的笔记。

（四）善于在课内做总结

经常在课内进行总结能够培养自己的归纳能力，老师在接近下课时往往会把当天讲的内容总结一下，自己先总结后再与老师总结的内容进行对比，这样就能很好地把握要点，将所学的知识系统化。

（五）布置作业

对老师布置的作业题要心中有数，要明白作业题是考查什么，考查哪方面的能力，要掌握什么技能。一般来说，老师上新课后布置的作业数量在四道题以下，而且往往以基础题居多。

（六）课间十分钟的处理

在下课后最初的一到三分钟内迅速把老师讲的内容整理一下，使之条理化，要明白学了哪些技能、哪些印象深刻而哪些没印象了，对于没有印象的要在课后补起来，这就相当于对课堂上老师所讲的内容来一场放电影式的回顾。课间的这场“放电影”很重要，心理学研究发现，下课后的几分钟是最容易忘却所学内容的。

（七）中午休息

中午休息时让头脑冷静下来，干什么？“放电影”。要把今天老师讲的主要内容仔细回忆一下，总结一下要点，对于哪些地方想不起来的、哪些地方不理解的，要做到心中有数，有的知识还要求我们前后联系起来才可能理解。对想不起来的内容还要用一个小的日记本登记起来，以便利用晚自习时间去复习。

（八）晚餐后

一般学生吃完晚餐后先是搞卫生，然后是散步，而这之间也有一个学习时机，最适合的方法是讨论式学习法。首先要找好对象，也就是说，要找一位同学为伴，两个人边走边讨论学习的内容，你为了要说服我，你的大脑“CPU”要高速运行；我为了说服你，我的脑袋也要高速运转调动所学的知识。这种方式比独自去看书的效果好多了。只是这一步最为关键的是要找对人，如果你找的是一位整天上网吧的同学，那他可能说出的都是如何玩电脑游戏。

（九）晚自习

晚自习的主要任务，一是要完成当天的作业，把功课复习好，技能巩固好。二是预习第二天的知识。好多学生说，作业都完不成，哪里还有时间去预习第二天的课程呢！其实每天完成作业的时间不要超过60分钟，否则就是你前面的工作没有做到位。大学新课每天最多就是三门，每门学科的作业往往都是基础的题目，如果你课前都预习过了，课后该“放电影”的你都“放过电影”了，那么当天每门学科做作业的时间就不会超过20分钟，因为基础题一般较简单。关键是要预习好第二天的课程。

（十）就寝

就寝时要记得“放电影”，这个“放电影”与中午休息时的就不同了，这个“放电影”分为两个方面，一是要对当天的教学内容进行总结，要能前后联系，从整体上对知识进行把握。对于回忆不起来的知识要做记号，明天再复习。二是要对生活方面进行总结，即今天在大学里明白了什么道理，得到哪些社会经验，等等。

经过这些环节之后，各个知识点就应该在脑袋里扎根了，而且没多花时间，这就是方法的力量。需要说明的是，对高职学生而言，最重要的是动手能力的培养，关键要掌握高端技能，更要掌握学习方法。上述10个步骤对技能学习也同样起作用，因为复杂技能的学习也是由一个个简单的技能学习整合起来的，关键就是得多练，在练的过程中要有兴趣、有热情，要达到热爱的程度，只有这样才能克服困难，才能学好技能。

三、掌握全面的学习方法

在掌握上述基本学习方法的同时，对其他学习方法也必须根据自身情况逐步掌握。有调查表明，学习者对学习方法的态度是有差别的，不同的学习观影响着对学习方法的选择和应用，从而产生不同的学习效果。我们应根据生理学和心理学研究所阐明的种种事实，努力探究并充分利用有效的学习方法，以帮助我们进入高效而协调的学习状态，增长知识，提高技能。这些学习方法主要包括阅读的方法、记忆的方法、制订学习计划的方法、听课的方法、记笔记的方法、复习的方法等。

（一）阅读的方法

1. 整体阅读法

整体阅读法是一种按照一定的程序从整体上对文章加以快速理解的阅读方法。运用整体阅读法，可以有步骤地对信息进行筛选，就能使阅读的过程变得井然有序，从而大大提高阅读的效率。

整体阅读法的阅读程序即依次按照以下各信息要素进行阅读：文章（或图书，下同）的篇名（或书名）、作者、出处及出版时间，文章的基本内容，文章所涉及的基本事实，文章在写作上的特点和有争议之处（包括自己阅读后形成的不同见解），文章中的新思想和阅读后的启示。

运用整体阅读法应注意熟记所用的阅读程序，按照编成的序号阅读和阅读程序规定的阅读要求进行对照检查。

实践证明，在采用整体阅读法时，可以形成一种新的阅读习惯。按照整体阅读法的步骤，有目的地进行反复训练，逐步达到只读一遍就能深入理解和真正掌握所读材料的境界。

2. **鉴别阅读法**

鉴别阅读法是一种快速提炼文章的段意、主要内容以及中心思想的阅读方法。鉴别阅读法分为三个步骤：首先，划分出文章的段落，迅速划出各段落的中心句、重点句，或用自己的语言分别概括出段意。其次，连接各段的段意，分析文章的重点句、段，归纳文章的主要内容。最后，在阅读过程中要留意文章的题目、开头段、结尾段以及文章的议论部分，从中概括出全文的中心思想。鉴别阅读法实际上就是通过以上三个步骤来掌握文章的重要信息，而无须一字不漏地通读全文。

3. **浏览法**

浏览法能扩大视野，丰富知识。有些文章不需要深钻细研，有些只需要知道个大致内容即可，有些只需从中选择一些有用的资料即可。这时候阅读的主要方式是浏览。浏览也是粗读，是为精读所做的准备，以便在通读的基础上选择精读的内容。通过浏览，读者可以丢开一些不值得细读的部分，这样就节省下了时间去细读真正需要的学习材料。

4. **扫读法**

扫读法，就是一种面式阅读法。它要求一眼看几行文字，抓住所读文章的系统和脉络，寻求所需的内容。它是一种高级的阅读方式。高尔基就是运用了这种纵阅横览的扫读法，每翻一页就像下台阶似的从上到下地垂直看，读完了许多书籍。我国古人说的“一目十行”，就是指这种阅读法。

5. **略读法**

略读法就是一个人以尽可能快的速度来进行阅读，也是提纲挈领式地把握阅读材料的基本内容、主要思想和技法的阅读方式。略读不同于普通阅读，普通阅读需要一字不漏地将阅读材料全部看完；而在略读时，可以略去一些材料不读，如果感到自己已经抓住了内容的主要方面，完全可以把某半个段落或某段的四分之三略去不读。略读的使用范围很广，可用于阅读各学科的教科书、参考书，课外书籍和报刊，同时还是精读课文不可或缺的一个步骤。

6. **跳读法**

跳读法是一种在阅读过程中有意识地跳过一些无关紧要的句段或篇章，而抓住读物的关键性材料的速读方法。跳读通过省略次要信息来加快大脑对文字的反应速度，是阅读速度与思维过程同步的阅读方式。

跳读不同于扫读，扫读是逐页扫视，而跳读是有取有舍、跳跃前进。也就是略去一些内容，只撷取文章中的关键部分的阅读方法。跳读不仅是为了提高阅读速度，还可使读者更深刻地理解内容，提高阅读效率。因为跳读的意义在于通过对阅读对象的大幅度跳跃，舍弃非本质的东西，捕捉本质信息，形成新的思维流程。

7. 寻读法

寻读法是从某些特定的阅读内容中，迅速获取自己所需要的资料的一种速读方法。在这一过程中，读者往往是有目的地去阅读，并从阅读材料中获取自己迫切需要的知识。

我们平时在学习和写作过程中，常常需要查考人名、地名、典故、数据等相关资料，除了查阅专门工具书以外，还要从大量书刊中寻找，这就需要寻读。寻读时，两眼扫过书页，以最快的速度从文章中淘沙取金，发现和寻找所期待的某些问题的细节，如某个人名、地名，某件事发生的年月，作者的论点、论据，重要的数据以及其他相关资料。

（二）增进记忆的方法

想要记住某件事，态度是关键因素。我们必须了解，人是记忆主导者。对于一个主动的学习者而言，学习的潜能是无穷的，千万别告诉自己你记不住，事实上你一定可以记住。常用的增进记忆的方法如下：

1. 弹性用脑法

统筹安排一天的时间，能支持你所有的需求；保持健康，能让你的记忆力处于良好的状态；找出一天当中最佳的读书时段，比如"一日之计在于晨"适合某些人，另一些人则在夜深人静时不易分心；还可以把学习拆成小单元，因为分段学习往往会比集中学习更有效。此外，你也要排出用餐、运动以及休闲的时间，均衡地用脑，会比整天埋头苦读效率更高。

2. 兴趣记忆法

"兴趣是最好的老师"，你必须对正在做的事情感兴趣。如果你觉得某堂课很无聊，那么设法将它和有趣的事情联系起来。主动性强的学习者会找出方法，使需要专心投入的事情足够引起自己的兴趣。

3. 专注记忆法

专心致志，把心留在当下。如果总是设想明天要做的事，或总是回想昨天发生的事，那么你就会心不在焉；专注于眼前的事情，你将会观察入微，收到事半功倍的学习效果。在记忆时努力避免出现分心。一心多用通常会使你觉得每件事都七零八落且给你带来无尽的困惑。

4. 理解记忆法

以有意义的方式整理资讯。假如资讯看似杂乱无章，别一股脑儿背诵零散的内容，应尝试以有意义的方式给资讯做某种分类；将已掌握的知识和正在学习的知识联系起来；利用各种不同的方法，例如设计一张纲要图解，来帮助了解各部分和整体的关系。

5. **想象记忆法**

身心放松并集中精神，做几个深呼吸，试着闭上眼睛，想象你掌握新知识后的感觉。利用心像和视觉想象法，将你正在学习的知识制作成图片、表格或漫画。无论你是将其画在纸上，或在脑海中通过想象虚拟其情景，你都能使知识更生动，进而将其记住。专心地营造这些画面和想象，使它们植根在你的记忆中。

6. **抄写记忆法**

以抄写来记忆。“好记性不如烂笔头”，抄写使人比较容易记住他们做过的事。在用心抄写时，你的肢体和心智都会用上。比起听和读，抄写会触动大脑中更敏感的区域。试着以自己的语言组织摘要内容，并试着自拟问题后再写出答案。

7. **复习记忆法**

假如你不复习刚接触的新资讯，那么你很快就会忘记大半。在学习新资讯后愈是尽快复习，便愈能够记住。利用索引卡写下关键问题与答案或专有名词与定义，随身携带，并利用零碎的时间复习。即使只是短暂的复习，对掌握新资讯也会有帮助。

8. **背诵记忆法**

反复背诵是记忆的不二法门，练习次数愈多，记忆愈清晰。想想那些音乐演奏家、运动员或演员等，需要经过不知多少次的练习才会有成就。只有通过不断地练习，才能整合并强化记忆。背诵记忆是要花些时间的。

9. **强化学习法**

强化学习是指即使已经学会了某些知识，仍然需要继续研读，即使你认为已经懂了，但还是要求自己反复学习。当你多次学习过已学会的知识后，便可以减少遗忘的可能并使记忆保持长久。同时，强化学习也可以帮你解决考试焦虑症。

（三）制订学习计划的方法

古人云：“凡事预则立，不预则废。”这就是说，不管做什么事情，若预先有了统筹规划，那么定会取得成功；否则，就可能导致失败。

作为一名大学生，为了高效地完成学习，你也应该把自己的学习生活更好地规划一下，并按切实可行的计划逐条实施。优秀的学生能有重点地进行系统学习，这就需要合理制订计划，科学安排时间。但很多学生常常糊里糊涂地过日子，一会儿摸摸这个，一会儿又碰碰那个，或者干脆将学习任务束之高阁，一直拖到期末考试来临时才不得不突击学习。

制订一份好的时间安排计划，它能够对学习做整体统筹规划，从而节约我们的时间和精力，提高学习效率；它可以将日常学习细节变成习惯，使学习变得更为主动；它能够帮助我们将各项学习活动的活动规律和学习时间有机地结合起来。一个好的学生会经常问自己：制订本学年的学习计划了吗？有假期的学习计划表吗？编制一周的功课表了吗？每天要做什么事情，自己都很明确吗？经常检查一天的时间利用效果吗？如果你的回答都是肯定的，那么你的时间利用得很好，你是一个计划性很强的、具有出色的创新能力的学习者；反之，你就需要认真考虑如何合理制订计划与科学安排时间。

学习计划可分为学期学习计划（长计划）、每周或每天学习计划（短安排）两大类型。

1. 学期学习计划（长计划）

学生对在本学期时间内学习什么，主要解决什么问题，达到什么目标，应有个大致规划。由于大学时期各学期的学习课程、任务、目的等都不相同，其中许许多多的变化是始料不及的，所以学期计划又不可太具体，重点在学习上应明确主攻方向和准备解决的几个大问题等。应注意的是，在制订学期长计划时需要具备几周的课程经验，只有对各门课程有了大致了解后，才能认真制订学期长计划。

2. 每周或每日学习计划（短安排）

主要指每周或每日计划。在短安排中，学生可非常具体地设定自己的时间安排，它是一种操作性很强的计划，学生对于在一周或一天内应阅读哪些课程的书籍、做哪些作业等，都应安排妥当。只有这样，才能取得预期效果。

普希金曾说："要完全控制一天的时间，因为脑力劳动是离不开秩序的。"针对自身特点，做出切合实际的安排，以清楚地知道在一周或一天内要做什么事情，使自己有条不紊地学习。同样应注意的是，在制订学习时间表后，应先根据实际情况逐一调整、修订，然后再照此实行。这样对每天的学习就可做到心中有数，避免出现偏科现象，可以加强对较差科目的学习，并可挤出更多时间来干别的事情。

在制订学习计划时，要充分考虑自身的特点，科学地安排时间。

1. 充分利用人的高效时段学习

心理学研究表明，一天中人们的学习都有一个效率最高时段，多数人上午的学习效率要高于下午。我们最明智的做法是确保自己在上午这段时间内精神饱满。如果达不到，就要检查一下自身的睡眠、饮食和体育锻炼等，并努力养成早起的习惯。每日上午的时光最有价值，应尽一切努力使上午时光不被浪费掉。为了充分利用每天上午的时间，可提前做好一些必要的准备工作。

2. 选择适宜的"单位时间的长度"

大学生应学会如何根据自身的生理或心理的特征和任务的特性来选择学习的恰当单位时间。不同年龄的人，其注意持续的时间也不同，中学生的注意持续时间大约为 45 ~ 50 分钟，成人的注意持续时间大约为 60 ~ 90 分钟，须根据年龄特点选择学习的单位时间。

3. 注意休息，少开夜车

在一般学习过程中，如果连续学习两小时后一点儿也没有休息，往往就会出现厌烦、注意力分散和对任务不满的情况。若在中间休息或放松几分钟，然后再去做，那么继续完成这项任务的愿望往往会再次出现，从而使人“恢复元气”。所以，如果感到学习效率降低而且易出现错误时，不妨适当地休息一下。

四、学会利用学习资源自学

在当今社会，知识更新的速度越来越快，若不会自学或没有养成自学的习惯，将会被时代前进的步伐远远抛下。每所大学里都拥有许多学习资源，关键在于学生对其如何最充分地加以利用。善于通过多种渠道的学习资源来获取知识，无疑可以使大学的学习更加成功。因此，善于充分利用大学的学习资源，培养和提高自学能力，是我们适应大学学习一个重要方面，也是我们树立和实践终身学习理念的基本条件。

（一）问老师，问同学

孔子曰：“三人行，必有我师焉。”高职三年，与我们朝夕相处的，正是我们的老师和同学。老师和同学不但是自己的学习伙伴，也是最好的知识来源。作为课堂学习的延伸，大学新生要善于向老师请教，勇于提出问题，不要为自己的问题是否太幼稚而担忧，只要这一问题是你经过深思，四处找寻答案而“百思不得其解”的，就可以提出来。你必须主动去学习，而不是被动地等着良师来教导你。良师随时都在，但如果你不去敲他的门，他也不会来找你。当良师尽心尽力地向你提出建议时，你要学会倾听，要真正抓住他要说的重点，要能正确地理解他所要表达的意思。

学校里有许多有经验、有知识的同学或学长，要与他们多交流，他们的经验和教训对我们的帮助是最直接的。遇到困难，要虚心请教，看看别人是怎样处理类似情况的，而且请教同学也是得到答案最快的方式。正所谓“闻道有先后，术业有专攻”，每个人的专长不同，每个人对问题的理解和认识都不尽相同，只有互帮互学，大家才能共同进步。当然，对于本专业的学长，我们更应多多请教，因为他们经过了对专业课程的学习和考试，对课程内容的重点难点、学习时要注意的相关问题、老师出题的思路方向、以后在工作或研究中本课程的哪些知识和能力有用等方面都有所了解，请教他们可以让我们在学习中少走弯路，尽快达到目的。

（二）上网，去图书馆

在信息时代，网络已经成为获取知识快捷的手段。合理地利用网络，可以极大地开阔自己的思路。通过网络，大学生可以和世界各地的人们交朋友，了解世界每个角落的风土人情，收看最新的新闻信息、科技动态，参加各种论坛和社区、在线交谈，在网友的帮助下寻找难题的答案……著名的搜索网站有 baidu（百度）、haosou（好搜）、bing（必应）、youdao（有道）等，更为专业一些的知识分享网站有 zhihu（知乎）等，登录这些网站，键入关键字，可以查询想要的信息。你还可以去访问 BBS，BBS 是一种开放的网络服务，它是一种有许多人参与的、对不同主题进行讨论与交流的论坛系统。有问题可以在版上提问，热心又志同道合的人是乐于帮助你解决问题的，大家相互分享的心得体会，一定会让你受益匪浅。在这里，我们不仅可以与同龄的大学生交流，还可以请已经工作了的前辈指点迷津——他们在实际工作中的经验，能让我们用不同的眼光来看待问题。鼠标轻轻一点，世界就在眼前。

对于大学新生的学习来说，图书馆是第二课堂，是大学生最亲密的“伙伴”。与中学不同，大学的学习更多地要靠你的自觉性。能否更好地利用图书馆，几乎就意味着你的大学学习能否成功。大学新生入学后办理完阅览证、借书证之后，不妨先去学校图书馆大致浏览一番，弄清楚怎样使用电子检索系统找到自己想要的书，怎样浏览图书馆新进的书籍，每个阅览室有些什么方面的图书，外借书一次可以借阅几本，续借有什么要求，怎样预约书籍等问题。你还要特别关注电子图书馆。与传统图书馆藏书不同的是，电子图书馆的众多图书不再孤立散布在世界各地的图书馆中，而是永久性地存储在硬盘、光盘之中，或流动在全球信息网络中，成为全球人类共享的信息财富。你可以直接从网络上进行资料传递与查询，并将感兴趣的内容下载到自己的计算机中。目前，亚洲最大的图书馆——北京图书馆已实现了初步数字化，可供读者机读部分图书，上网查询书目。中国知网 CNKI（China National Knowledge Infrastruc-Wire）是中国知识基础设施工程，其中中国学术期刊网（http：//www. cnki. net）是目前国内最大的学术期刊网站，它包括中国期刊全文数据库（CJFD）、中国优秀博硕士论文全国数据库（CDMD）、中国医院知识仓库（CHKD）等 10 多种知识数据库，是一个功能齐全、覆盖面广的数字图书馆。

（三）自学，还要自学

高职学生要培养自学能力，应该主要从以下三个方面着手：

1. 要主动积极地去自学

自学主要是学生自己学习，如果缺乏学习的自觉性，不能积极主动地去学习，自学也就不能成立。无论你是为兴趣而学习，还是为毕业证而学习，抑或是为今后的就业和前途而学习，都应该是“我要学”而不是“要我学”。你的态度决定了你日后的一切，只有成为学习的主人，你才能有更大的学习动力，才能真正学好。

2. 要制订合理的学习计划

合理的学习计划可以包括人生规划、阶段计划、短期计划、即时计划等。我们并不要求同学都制订上述所有计划，比如说人生规划可能就需要同学们通过大学几年的学习，获得了一定的能力并且对自己的优势了解得更加透彻以后才能做出决定。而那些即时计划和短期计划，相对来说就比较适合我们，必须在入学后制订。这些计划可以是

“本周计划读的几本书”，或者是“今天应该完成的几项作业”，它们甚至可以超出学习的范畴。如果没有学习计划，就容易受到外界因素的干扰而影响学习，而且没有计划的学习容易缺乏动力，毫无条理可言。因此，我们必须根据社会需要和自己的水平、能力，制定出明确的学习目标和科学的学习计划，这样我们才能够对每天的学习了然于胸。此外，合理的学习计划可以让我们的生活过得井井有条。

3. 要有充分的时间保证并善用资源

要充分利用好种种课余时间。如课前的预习和自学，要安排在老师上课之前；如果自学中对一些问题感到疑惑不解，就可以有目的地在课堂上听老师讲授此问题，或主动提出问题请老师解答；对课堂所学的知识，课后我们应该及时地安排时间进行复习和巩固。对不懂的知识，要善于充分利用各种条件和手段来弄懂它，如设法请教老师或者利用图书馆的图书和实验、实习、科研活动等专业性训练环节来丰富与拓展自己的知识，解答使自己困惑的问题。要充分利用时间，还要学会适当拒绝别人的要求，防止一些“不速之客”的干扰，这对我们的学习也非常重要。有的同学制订了详细的学习计划，但是因为朋友多、交际广，所以总不能按时按量完成计划，这个时候我们就要学会衡量交际和学习哪个更重要，不能因为交际而放松甚至放弃学习。

五、高职学生课堂外的技能

由于高职院校的办学目标是培养应用型、技能型的人才，具有明显的职业定向性，所以高职院校的学生除了要具有扎扎实实的书本知识之外，还要重视专业技能的训练与拓展，重视培养研究和解决问题的能力。高职学生素质技能的培养，可以考虑从以下几个方面进行：

（一）重视交流技能的培养

21 世纪成功的从业者往往是全面发展的人，具有开拓精神的人，善于与人沟通和交往的人。其中，交流技能的培养对人的发展尤为重要。学生与老师、学生与学生都要充分地交流。在交流的过程中，分享大家的想法，得到更多的启示，学到更多的知识，从而全方位推进个体的学习进程。

交流技能包括口头和书面的交际技能、阅读和理解技能、批判性思维和推理技能、解决问题的技能、适应性和灵活性、写作技能以及成为小组一分子的技能等。口头和书面交际技能是与他人沟通和交往的一个重要方面，它主要通过平时参与课堂讨论、小组活动等途径进行培养，它可以使我们在今后的工作中能与他人友好合作，从而使我们具有团队意识，能与他人很好地团结，共同完成任务；阅读和理解技能要求能够从大量的书面材料和网上资料获取所需信息，在阅读实践中逐渐提高阅读与理解能力，学会主动阅读并进行交流和分享；写作技能需要在长期的练习中逐步培养和提高，学会观察、学会思考，既要将工作中的经验及时总结出来，又能根据需要而运用不同文体，并根据材料的特点撰写书面报告。

（二）改变传统的“数字”概念

传统的“数字”概念就是简单的计算，而新的“数字”理念是要通过对数字进行计算、检验，呈现解释和交流，达到认识世界的目的。现实生活离不开数字，把所学知识运用到现实生活中，解决生活中的实际问题，使我们体会到数字与自然、社会的联系，探索数学规律，构建数学模型，体会和感悟数学思想方法。

作为职业院校的学生，数学实践活动尤为重要。首先，数学实践活动是我们从事数字信息的收集、整理、分析、处理等一系列探索性解决问题的活动。把握住发展数学实践技能的机会，将培养我们的创新能力。其次，数学实践活动能使我们理解数学知识的形成，并通过亲自动手、动脑、动口等一切操作活动建立数学概念。可以说，我们在收集信息、处理信息和解决问题的过程中培养了独立思考、自主探索、合作交流、呈现表述、最终选择最佳解决方案的能力；在进行数学实践活动的过程中，学会选择材料、运用材料，通过分析、综合、判断和推理，运用所学知识解决实际问题。

课堂实践活动是培养我们数字运用技能的重要途径，通过积极参与小组活动、师生互动，相互交流，相互沟通，通过对数字信息的认识和计算、检验和解释以及表述和呈现三方面的实践，主动建构自己合理的数学认知结构，从而增进对数学的理解和运用数学的信心。

（三）学会运用信息技术

随着信息化网络时代的到来，人类生存和发展的主要手段发生了重大变革，能否运用信息技术从事一系列日常工作，如文字信息处理、模型设计等，能否对各种纷至沓来的信息进行处理、筛选，进行去伪存真的分析与综合、比较与选择、运用与派生等技能，已成为人类生存发展的基本技能。

我们利用现代信息技术所培养的信息技能主要包括：

1. 运用信息工具的技能

掌握从图书馆检索资料、处理计算机信息的方法，熟练掌握各种软件、网络浏览器、网络通信工具的使用方法。

2. 主动获取信息的技能

具有敏感的主动获取信息的意识；能够根据自己的学习目的去主动获取信息；主动收集并整理必要的信息，包括参观、采访、实验、问卷、检查及对各种现代媒体的应用，如对图书馆、网络的利用等。

3. 善于处理信息的技能

包括检索、筛选、鉴别、使用、表达和输出信息的技能。能够从大千世界丰富的信息中选择和鉴别自己所需要的信息；能够明白易懂地表达自己的研究成果，并传递给他人，包括对研究结果的表达、媒体的应用、信息的存储与变换、发表与传播等有效方式的选择。

4. 使用信息进行学习的技能

善于充分运用信息进行学科知识的学习和研究。学科知识的来源有课内和课外两种途径。课内学科知识主要是指课本知识；而课外学科知识则包括由各种非课本渠道如课外书籍、报纸期刊、电影电视、互联网、实践实训等获取的信息，这类信息往往比课本知识更具有指导性和实践意义，我们要充分利用。

（四）提倡鼓励合作学习

随着社会经济的发展，集体活动的作用也越来越明显，一些善于合作，具有合作技能的人，能在看似平庸的集体之中创造出惊人的价值。因此，现代社会迫切需要人们具备在共同体中与人合作的技能。个人的作用和价值再大，都是有限的，任何个人只有在集体中与他人合作，才能创造出更大的价值。不难看出，重大的发明成果往往是某个集体共同努力完成的，如导弹的发射、卫星的上天等重大科研成果，单靠一个人的努力是不可能办到的，只有置身于一定的集体之中，并充分发挥个体的作用，才能完成工作任务。

合作学习是培养合作技能的重要方法，应贯穿于整个学习过程之中。教师与学生之间、学生与学生之间的合作，对学习资料的收集与分析、假设的提出与验证、学习进程的自我反馈和学习结果的评价以及意义的建构等都有十分重要的作用。在合作中，学生分享职责，相互鼓励、支持和协作，通过报告、联络、沟通等手段，培养团队精神与和谐的人际关系。

（五）大力培养创新能力

解决问题技能的培养是职业教育的一个重要目标。我们审时度势，权衡优劣得失，吸取不同意见，合理承担风险，并从多种替代办法中择优做出决策，这是对我们职业生涯的考验。我们不仅要能够在自己擅长的领域内解决问题，而且更重要的是能够在自己不熟悉、不擅长的领域内思考与解决问题。

通过探究活动，运用自己已有的知识经验去发现问题、探究问题，并用不同的方法去解决问题，在解决问题的过程中进一步丰富自己的知识经验，并能检查和评价问题。大学生应该调动现有知识储备去发现问题，而不是被动地获得结果；探究创造性解决问题的方法而不是坐等成果。通过创设“真实的学习情境”，在应用中学习，在学习中应用，形成探究问题和解决问题的习惯，就能更有效地建构自己的知识体系，更有利于知识的正迁移和解决问题技能的养成。

六、树立终身学习的理念

很多人说，大学学的东西，工作后能用到20%就不错了。其实，问题不是大学的知识有没有用，而是在知识经济的背景下，知识作为一种新陈代谢速度极快的可再生资源，时时在更新、发展和变化，人们想要获取知识、创造财富，就必须坚持和实践终身学习的理念，“活到老，学到老”这一古训必将成为人们最基本的生活方式，因为任何一种教育或培训已经不可能为学生准备好终身享用的知识储备。人们只有时刻对自己所从事的专业领域的知识和技能进行更新与“充电”，才能跟上时代前进的步伐，更好地被社会认同，从而立于不败之地。曾经听过一则关于猫和老鼠的故事：一只老鼠差一点儿被猫抓住，仓皇逃进洞里，下决心三天不出洞。不一会儿，洞口传来几声狗叫，老鼠想，现在已经很安全了，因为狗与猫也是死对头，有狗在，就一定没有猫，于是就放心地再次出去觅食。刚到洞口，就被那只猫一口咬住。老鼠感到很奇怪，认为自己分析、判断的没有错，百思不得其解。于是问猫：“请教猫先生一个问题，刚才我听到的明明是狗的叫声，可为什么出现的不是狗，而是你?”猫回答道：“已经是21世纪了，不多学两门外语，还怎么生存下去啊!”

学习意愿对学习行为具有极其深远的影响，对培养学习能力和创新能力极为重要，极有利于个体成为掌握自己命运、目光远大、个性全面发展的有协调性的人。如果缺乏学习动机，没有明确的学习目标，且从不制订学习计划，更不知道如何评价和评估自己的学习结果，那么在整个学习过程中，你都是被动、消极的，而这种一直处于糊里糊涂状态下的学习是不可能学好的。其实，无论是理论学习，还是实践技能学习；无论是在校内学习，还是离校以后学习；无论是你为兴趣而学习，还是为毕业证而学习，或是为今后的就业和前途而学习，都应该是“我要学”而不是“要我学”。“态度决定一切”，只有成为学习的主人，才能有更大的学习动力，才能够学好。否则，当你离开学习环境或学习场所，你就再也无法以其他方式获取学习资源或进行自我“充电”，在这种情况下，学校学习终结之日，便是你发展停滞、生存危机产生之时。

没有危机感的人，将面临更大的危机；为危机做超前准备，就会化危机为转机。青蛙在水里能生存，一旦水干了，在陆地上也能生存，因为它有两个本领；而鱼则在水干涸后死掉了。21世纪是终身学习的世纪，不学习就落后，少学习也落后，学慢了同样落后！重要的学习机会，比别人少参加一次，当即就会被他人超越。当别人休息和嬉戏的时候，我们还在学习，我们就又一次超越别人！想比别人强，就要比别人多懂，多懂来自多学。只有懂得更多，才能做得更好；只有比别人做得更好，才能强于别人！世界是动态的，一个人的水平和能力也不是静止的，没有谁敢主观断定明天将出现的风云人物一定不是自己身边的人。成功者不一定是聪明者，但一定是终身学习的强者！

第三节 第二课堂

一、学生社团，大学最靓丽的一道风景线

学生社团作为高校里由学生自发组成的“民间组织”，已成为大学校园文化一道美丽的风景线。大学校园里经常张贴着各种社团热情洋溢的宣传海报，举办多姿多彩的社团活动。学生社团是校园文化建设的重要载体，是高校第二课堂的引领者。

对于许多大学生来说，社团有着巨大的吸引力：尽情展示自己才能的舞台、交友的天地、丰富而生动的第二课堂……社团活动已经成为很多大学生提升自我素质的一个主渠道，甚至有学生一下子加入了多个社团。然而也有不少大学生对社团采取漠视的态度，超然于外。

众多的社团组织开展了丰富多彩、形式多样的校园文化活动，充分展示了自己的魅力。这对提高学生的认知能力，加强学生的实践技能，引导健康向上的学风、校风，构建高层次、高品位、高格调的校园文化氛围，产生了巨大而深远的影响。它以其自发组织性散发着独特魅力，吸引着渴望在大学校园里得到锻炼的莘莘学子。

（一）大学生社团的类型

1. 文化艺术类

以兴趣爱好为引领，如绿苑文学社、书画协会、摄影协会、艺品社、动漫协会、心茶艺社等。

2. 表演艺术类

以演出活动为核心，如飞扬声乐团、舞蹈协会、群音器乐协会、演讲与口才协会等。

3. 体育竞技类

以体育比赛为抓手，如乒乓球协会、瑜伽俱乐部、跆拳道协会、篮球俱乐部、电子竞技协会等。

4. 学术科技类

以专业学习为指导，如数学建模协会、英语协会、地学科普协会、ERP 沙盘协会、岩土勘察协会、机械工程协会、珠宝协会、营销协会、求索协会、计算机网络协会、电子科技协会、汽车工程协会等。

5. 社会实践及公益类

以公益服务为目的，如阳光心理协会、就业与创业协会、物流协会、法律与辩论协

会等。

（二）大学生社团的特点

1. 社会化、商业化

大学不再是封闭的象牙塔，它在与社会的相互交流中，相互发展，相互促进。大学需要了解社会，社会需要大学的人力资源。因此，商家赞助学生社团的活动成为当下很重要的一个特点。商家赞助的目的，一是为其企业或商品做广告，二是大学生本身就是一个庞大的消费团体，三是为公司的发展培养未来的员工。甚至有的学术研究社团本身就具有商业价值，或者其研究成果可以转换成生产力。

大学在社会化的过程中，企业运行和管理的先进理念同时也被大学生学习与接受。许多社团做出组织承诺，吸引新会员；入会往往需要交纳入会费，成为活动基金的一部分来源；社团参与社会实践活动，也能获得一定的收入；社团活动往往带有植入性广告，正成为社团收入多元化的主要途径。

2. 学习化、学分化

许多社团与某些专业相关，主要依托相关系部，开展各种讲座、培训，有时还收取一定的学费。对于学生来说，学习了相关的专业知识，培养了兴趣爱好，同时又可以得到相应的学分。

3. 个性化、娱乐化

大学生是校园内最活跃的群体之一，他们主张个性化，追求多彩的生活，因此，体育、竞技、健美、美容、化妆、美食等娱乐化、个性化的社团远远多于学术型社团。

4. 网络化、集团化

随着网络的发展，许多社团建有自己的网站，甚至社团成员的来源也不再局限于校内，而是跨校甚至跨地区发展成员。

（三）大学生社团活动的作用

1. 锻炼了学生的组织活动能力，有助于主体性的形成

大学生在组织和参与学校与社会的各种活动中锻炼了能力，并且在与人交往的过程中培养了交流能力以及团结合作的精神。主体性，即指人在社会文化中的主体地位而言，它包括人对文化需要的创造性、选择的能动性和价值体验的主动性，表现为人对文化的支配原则和享用原则。

2. 有助于促进学生的社会化进程

社团活动和企业商家的联姻，一方面使活动资金得到保障，另一方面商家的管理方法、管理理念也影响着社团的发展，同时有助于提高学生的社会适应能力，为学生今后走向工作岗位打下良好的基础。

3. 有助于学生个性的全面和谐发展

社团活动是学生自己的组织，要想在组织中立足，取得同学的信任，靠的是人品和能力，因此要有自我教育、自我约束、自我激励的机制和能力。学生在相互的交往、学习、活动中以他人为镜，认识自我，建构自我，超越自我。正如阿尔贝·雅卡尔所言："教育系统最后只有一个目标，就是教每个学生如何与他者交往以便自我建构。与他者交往并不意味着摧毁或进入一种竞争，它意味着向他者开放。这个他者，不管他是谁，是自我建构中所需要的一种资源财富。"因此，积极、健康的社团文化有利于大学生的自我建构，有助于良好个性的形成；反之，消极、颓废的社团文化则会影响大学生的学习和生活，影响其成长和成才，严重的还会影响高校的稳定和凝聚力。

4. 有利于提高大学生的综合素质

社团活动作为第一课堂的延伸，可以广泛开展各级各类活动，锻炼学生的能力，提高学生的素质。比如，政治类的学术团体通过讲座、辩论、演讲等方式引导大学生对热点、难点和疑点问题进行深入、广泛的理性思考，起到释疑解惑的作用；服务类的社团通过服务社会、服务他人增强了大学生的社会责任感；娱乐类的社团成员要么锻炼了身体，强健了体魄，要么在活动中寻求友谊，发展感情，自我尊重，自我实现，获得支持，从而有利于形成比较稳定的心理状态……尤其是面向社会的活动开阔了大学生的视野，激活了潜能，提高了素质，增强了适应社会的能力，从而有效地化解心理矛盾，提高心理素质。

（四）大学社团的加入与活动的开展

如今，在各大学校园都活跃着很多社团组织。社团是为大学生适应社会实践而服务的，是大学生们展示自我的一个舞台，它已经成为一种独特的校园文化，丰富着大学生们的生活。每当秋高气爽的季节，又一群新生们走进校园，社团组织也开始了新一轮的招新。面对各种各样令人眼花缭乱的社团组织，新生们该如何做出自己的选择呢？

1. 大学新生如何选择社团

（1）兴趣很重要

社团的种类多种多样，但并非所有的社团都适合自己。很多大学生当初选择社团时首先考虑的是自己擅长什么和是否感兴趣。每个人的兴趣、爱好是不同的。擅长文艺的学生可以申请加入话剧团、合唱团或舞蹈团；喜欢演讲的学生可以申请加入演讲协会、文学社；爱好运动的学生有自行车协会、拳击协会等作为挥洒兴趣的天地；珍惜环境、喜爱大自然的学生可以参加环保协会；乐于助人的学生可以参加红十字会、青年志愿者；喜欢新闻采编的学生，校记者团、广播站则给了他们施展才能的机会……如此众多的社团，只要感兴趣，总能找到最适合自己的。

（2）自信是关键

大多数学生在进大学之前除了学习之外，很少参加社团活动，所以有些人在报名面试时显得唯唯诺诺，很不自信，生怕自己干不好，就选择放弃。其实，这是完全没有必要的。北京师范大学记者团的小陆告诉记者，自信是做好事情的前提。每年招新成员时她们都会问报名者如果入选能否做好业余记者的工作，一些学生很小声地回答“可能”或“试试看吧”，显得过于谦虚谨慎，往往不被录取；而有的学生则回答得很干脆：“能”“保证做好”，这种状态就非常难得。所以新生在社团面试时要对自己有信心，因为社团工作其实很大众化，并没有想象的那么难，只要认真对待，正确处理好社团工作与学习的关系，肯定能干得很出色。

（3）选择不可过于草率

选择社团时要综合多方面的因素和条件，考虑清楚后再做决定，切不可草率。一些学生匆匆忙忙地选了一个社团，待了一段时间后觉得不合适，很快就放弃了，可谓“来也匆匆，去也匆匆”。结果不仅自己一无所获，而且还影响了社团正常的工作。

（4）不可贪多

参加社团固然很好，但其前提是不要与正常的学习相冲突。有的学生觉得社团活动丰富多彩，很有意思，就参加了好几个社团，整天不是到这个社团开会，就是去那个协会值班。如此忙碌，难免顾此失彼，更有甚者严重影响学业，得不偿失。因此，建议选择一到两个自己感兴趣、擅长的社团即可，毕竟学生还应该以学习为主。

（5）功利性不可太强

抱着功利性的想法去参加社团是非常不可取的。有的学生觉得参加社团可以在每年的综合测评或品德考评时得到加分，从而获得奖学金；有的学生希望能够在社团中混个“一官半职”，以此来提高自己的知名度；还有的学生认为如果不参加社团，怕自己的经历太单调，将来的毕业简历上内容不够丰富，而这无疑会使原本纯洁的社团文化蒙上一层异化的色彩。

那么参加社团到底是为了什么？社团为大学生提供了一个与人和社会接触的机会，从中可以提高学生的社交能力、实践能力、自制能力、生存能力，弥补某些性格上的缺陷，也可以增进同学之间的相互了解，结识更多的新朋友。

（6）认真对待社团活动

一旦入选某个社团，就得认真去做好社团的每一项工作，并坚持到底。自己心里要清楚在社团中应该做什么，以及怎样培养自己的社会实践能力，不要把自己在社团中的职位看得过重，要知道不论做什么工作都是对自己很好的锻炼。

2. 大学生社团活动的开展

现在的高校中有不少学生社团组织的活动相当丰富，给大学生的业余文化生活以及大学校园抹上了亮丽的色彩。但要想进一步提高学生社团活动的质量，真正吸引广大学生更多的关注乃至积极参与，那还要做一些更扎实有效的工作。

首先，必须精心策划社团活动。无论什么活动，都应事先制订一个切实可行的计划。在实施某项具体活动之前，必须有通盘的考虑，精心筹划好每个步骤、每道程序，然后才能按部就班、有条不紊地展开，去实现预设的目标。

其次，要做好充分准备。要使活动圆满成功，就必须做好充分准备，按岗位责任制的要求，投入人力、物力、精力和时间，考虑周全，计划周到，组织周密。

再次，要实行目标管理。开展每项具体活动之前我们都得考虑好要实现的工作目标，这是我们组织活动的方向。对广大学生而言，参与活动后就应该有认识的提高、素养的提高或学业知识的提高；对组织者而言，还有一个能力的提高。总之，每场活动都要达成培养人、锻炼人、造就人的目的，使每个参与者都有所收获。

最后，要总结提高。对社团活动而言，要不断总结、反思，做到既有一定的模式，又有突破和创新，而非一直在某个套路中打转。不开动脑筋，不去创造一些学生喜闻乐见的新形式，社团活动就会缺乏吸引、缺乏新意。要使社团充满活力，一定要解放思想，在实践中摸索，与时俱进，开拓创新。这样的社团才会永葆生机，活动才能凝聚人心、汇聚人气，学生社团之路才会越走越宽广。

（五）社团与能力锻炼

学生社团活动在培养学生的能力、素质方面起突出的作用，主要表现在以下几个方面：

1. 组织能力

学生社团活动要求全体成员参与，各自担任特定的角色，这样锻炼了学生的计划、组织、控制、协调、指挥和领导的能力，以及团结协作、共同攻关的能力。

2. 自学能力

社团成员大多是对某一方面很感兴趣的同学，社团活动能够创造一个良好的自学环境，进一步激发学生的学习兴趣，从而提高自学的积极性。

3. 创新能力

社团活动可以调动学生的积极性，培养学生的创新能力，激发学生的灵感，这种灵感来自每位学生自身的兴趣和社团成员之间的合作与激励作用。

4. 表达能力

学生在社团活动中各抒己见，充分表达自己的观点，提出自己的主张和建议，无形中其语言表达能力和书面表达能力都得到了锻炼。

5. 实践能力和社会适应能力

社团活动为学生提供了走出校园、深入社会、接触社会、了解社会的机会，通过各种实践活动可以锻炼学生的实践能力与社会适应能力。

二、学生干部，全心全意为同学服务

古人强调个人“修身、齐家、治国、平天下”，现代人的观点则强调每一个人都是社会的细胞，只有每一个细胞都健康的社会才是真正健康的社会。据此可以明白，国家为什么要确立全面发展的教育方针、全面推行素质教育和加强青少年的思想道德教育的道理了。使自己健康成长是我们每一个新时代学生的社会责任和历史责任！对自己的成长负责，就是对家庭、对社会负责！

因此，作为一名大学学生干部，要想成为集思想、智慧、能力、情操于一体的人，要实现“修身、齐家、治国、平天下”的目标，高尚的道德情操是第一位的。

作为学生干部必须具备良好的能力素质，“自我控制”是学生干部的首要本领，“拥有自信”是学生干部的“秘密武器”，“组织能力”是学生干部的核心要求，“协调能力”是学生干部的重要“法宝”。

如何才能成为一名合格的学生干部呢？

作为一名合格的学生干部，首先应该是一名学生，也就是说要从学生中来；然后才是一名干部，要回到学生中去。所以要做好学生干部，应做到“六有”，即“心中有爱、肩上有担、腹中有墨、胸中有识、目中有人、手中有艺”，并具备以下几点能力素质与意识。

1. 高尚的思想道德情操，一定的政治理论水平

对于一个学生干部而言，其高尚的道德情操是培养各种能力素养的基础；而其政治理论水平是完成各项任务的前提条件，因为政治理论教育对于青年人世界观的形成、思想信仰的树立及为人处世等都起着相当重要的指导作用，它直接影响着青年人的政治思想、道德观念和理论水平、文化素质的提高。假使学生干部自己的思想道德情操与政治理论水平不高，那就很难开展学生工作。

2. 较强的综合表达能力

对于学生干部来说，所有的工作都和说、写有着密切的联系。要让同学们接受自己的主张，督促同学们去执行任务，使自己的工作在青年学生中产生良好的效果，学生干部必须做到以下几点：

①说话要有充分的论据、明确的主题和目的。

②语言结构清晰、逻辑严谨。

③事例生动，用词准确，要尽可能简洁明快，要有活生生的事例和数据，力避空洞概括与说教。

④声情并茂，有感染力，使同学们听完你的讲话或看完你的文章后，产生共鸣，充

满信心，从而起到号召青年、鼓舞青年、提高工作效率的效果。另外，表达能力不单纯是指口才，在表达自己思想的过程中，非语言表达方式与语言一样重要，有时非语言表达方式的作用甚至更加明显。这里非语言表达方式指仪表、举止、语音、声调和表情，同学们通过这些可以更直观、更形象地判断你的自信和热情。

3. 严密的组织活动能力

组织活动能力是指在工作中运用所学的各种知识做好各项工作的本领。这就要求学生干部做到以下三点：一是要大胆设想，共同协商，论证后方可定论；二是要精心设计；三是细致安排，每项活动、每一个环节分别由谁专门负责，都必须落到实处。这样才能保证一次活动圆满、顺利完成，工作效率才能得到提高。

4. 处理好一些关系的协调平衡能力

（1）以友谊促进工作，处理好工作与学习的关系

学生干部应学会在工作中增进友谊，以友谊促进工作更好地完成，善于在工作中学习，妥善安排好学习与工作的关系。歌德说过，善于利用时间的人，永远找得到充裕的时间。学生干部为了工作放弃娱乐与休闲时间，但是必须集中精力完成最重要的学习任务，充分利用双休日，把积压的工作和耽误的功课完成。

（2）明确工作职责，处理好工作与具体责任人的关系

学生干部开展工作时，明确自己所承担的工作职责。工作要有计划、有时间表；开会要有主题、有内容；部署工作要注意把各项任务落实到具体的人。

（3）改进工作方式，处理好“自我反省”与“群众帮助”的关系

学生干部应不断改进自己的工作方式、方法，不断发现自己工作中的缺点，总结工作中的失误，虚心接受他人的意见，不断改进自己的工作方法。若有什么活动计划或安排，应事先和其他干部、同学商量，充分发扬民主，让大家都有发表自己意见的机会。作为干部，则要认真听取大家的意见，使每个人真正感到自己是群体中的一分子，这样，自然就密切了与同学的关系，缩小甚至消除彼此间心理上的差距，增进相互间的了解，有利于调动群体的积极性，增强集体的凝聚力。不断改进自己的工作方式，可以通过“自我反省”和“群众帮助”两种方式，随时召集干部和同学进行讨论，总结工作中的得失问题。“兼听则明”，广泛地听取大家的意见，往往能收到意想不到的效果。

（4）不“唯上”、不“唯下”，处理好与老师、同学之间的关系

能否处理好与老师、同学之间的关系，直接影响着学生干部在集体中的威信。一方面，学生干部既不能“唯下”——全听同学意见，搞什么活动不向老师说一声，同学们有什么想法和意见不及时反映，这样产生的后果和影响是无法估计的。另一方面，学生干部也不能“唯上”——无论什么事情都要依赖老师决定，这样既不能独立行使自己的权利和义务，又不能充分听取同学的意见，也不能锻炼和提高自己各方面的能力。

学生干部与老师、同学的交往多是工作性的，同时也可以是情感性的，应该通过交往来建立一种和谐的学习、工作氛围。学生干部作为老师与同学的桥梁，应及时无误地传递双方的信息，真正起到桥梁和纽带作用。

5. 一定的心理调控能力

学生干部应具备良好的心理素质。工作中受到的委屈和酸甜苦辣肯定不少，及时调整自己的心态十分重要。

（1）快乐地工作

以快乐的心态投入社团工作。

（2）积极地自我暗示

20 世纪 60 年代，心理学家罗森塔尔在美国一所小学做了一项试验：随机抽取一份学生名单，暗示名单上的学生会有前途。8 个月以后，他又来到这所小学，对 18 个班进行复试，结果他提供的名单上的学生成绩有了明显进步，而且性格更为开朗，求知欲望强，敢于发表意见，与教师关系也特别融洽。这就是著名的“罗森塔尔效应”。

（3）建立合作与信任

最重要的八个字是“我承认我犯过错误”；最重要的七个字是“我干了一件好事”；最重要的六个字是“你的看法如何”；最重要的五个字是“咱们一起干”；最重要的四个字是“不妨试试”；最重要的三个字是“谢谢您”；最重要的两个字是“咱们”；最重要的一个字是“您”。

（4）冲突沟通

在冲突双方之间做好沟通工作。沟通是彼此了解、彼此理解、消除误会、消减矛盾、消灭冲突的最有效而又最廉价的一剂良药。

（5）学会倾听

认真地听，谦虚地听，有选择地听，专注地听。

6. 必须强化的几种意识

（1）强化服务意识

学生干部一般是由学生民主选举产生并且得到班主任认可的。为学生服务，为实现学校制订的各项目标服务，是对学生干部的基本要求，也是学生干部工作的基本着眼点和出发点。实践证明，只有强化服务意识，才能正确处理好同一般同学的关系，在平等的基础上，通过民主协商，实现组织者和协调者的作用。而“表现自己”“强加于人”“自以为高其他学生一等”的想法则是万万要不得的。再者，学生干部工作是一种无报酬工作，要做好这项工作需要比一般的同学付出更多的时间和精力。因此，学生干部要不计个人得失，正确处理个人和班集体建设的关系，树立“班级兴我荣，人人好我荣”的奉献精神，以班级工作、集体工作为己任，任劳任怨、富有创造性地开展工作。只有强化服务意识，才能为将来的发展奠定坚实的思想基础。

（2）强化能力意识

应该把担任学生干部看作是全面提高自己能力的一个难得的机会。任何能力都是在后天的实践中得到的。作为一名学生干部，尤其是作为一个非权力型的干部，其得到的实际锻炼是多方面的。

（3）强化整体意识

一个好的学生干部应自觉地强化自己的整体意识，从整体发展上知道自己应该干什么，从整体比较上知道自己还缺什么，从整体联系上知道每一阶段的重点是什么。可以说，整体意识强了，工作的主动程度也就高了，作用也就大了。

（4）强化效益意识

大多数学生干部普遍有一种强烈的成就感。总想做得多一点儿，比别人好一点儿。这是他们最基本和最积极的一面。但在有些学生干部那里却往往适得其反——或力没少出却政绩平平，或忙忙碌碌却越忙越乱，或以自己辛辛苦苦聊以自慰……要强化效益意识，这是具有长远意义的，因为辛苦不是衡量工作好坏的主要标准。要增强效益，就要加强对工作对象、工作内容、工作规律的研究，加强对工作方法的研究，加强对时间和力量组合的研究……一句话，就要扎扎实实、老老实实地下一番功夫，而且是下一番科学的功夫。

（5）强化创新竞争意识

继承是基础，创新是关键。在工作开展的过程中，推陈出新十分重要，这就需要在不断摸索中发展创新意识。竞争时代，竞争意识是必不可少的，学生干部同样如此。

总之，一名优秀的学生干部，在思想上要明确以下四个“一”：第一，把自己担负的社会工作当作“一项事业”，从而树立高度的责任感、主人翁意识和奉献精神。第二，把自己的工作当作“一门学问”，从而以严谨好学、实事求是的态度去钻研学习，达到增长自己知识和才干的目的。第三，把自己担负的社会工作当作“一个天地”，在工作中充分施展自己的才能，锻炼自己的才干，实现自己的理想，从而大胆创新，勇于开拓，不怕失败，努力争取成功。第四，把自己担负的社会工作当作“一种生活”，这是一种仅属于自己的、独特而不同于他人的大学生活形式，必须以严肃认真的态度去处理好生活中的人和事，以及各种关系，使自己成为具有现代生活素质和能力的人。用一句话概括，学生干部应是学会学习、学会做人、学会生活、学会创新的“四会”新人。

三、以赛促学，在竞赛中锤炼过硬本领

“以赛促学”就是指在岗位实践技能教学活动中把学生必须掌握的各种技能分别通过组织参加相应的技能竞赛来完成，同时，在学生参加技能竞赛的过程中，学习相应的

岗位技能。通俗地说，就是在专业的学习中去参赛，在参赛的过程中学习专业技能，两者形成有力、有效、系统的统一，最终通过竞赛这种有效的形式，促进学生培养任务的完成。参加各类各级竞赛的目的在于交流思想、提升技能、启发思维、鼓励创新、团队协作、共同提高，激发出学生的兴趣和潜能，培养大学生的团队协作意识和创新精神。

从用人单位来看，企业要求员工除了拥有基本的专业技能外，员工的自身涵养同样是用人单位所看重的。而内在素质方面用人单位则要求员工应具有自信心、执行力、服务精神、善于收集信息、团队合作精神、不断学习和创新能力、组织管理能力、语言表达能力、公众交往能力、创造能力、适宜的心理素质。这几年，江西应用技术职业学院通过校级—省级—国家级的三级竞赛，分别组织学生参加相关比赛，学生从中学到了很多知识和技能，并取得了优异的成绩，提升了学生就业竞争力。

（一）参加竞赛的作用和意义

1. 改造学生的专业价值观

当今信息万变的时代，各行各业都在飞速发展，如果守着一成不变观念和原有的技术，那么必将被淘汰，只有不断提高核心技能，不断求变，不断以科技创新、观念创新、管理创新促发展的行业才有前途。

（1）培养学生专业创新观念

各类竞赛往往都以企业的实际工作环境来开展，同时要求选手从新视角、新观念、新思维，运用系统的方法、科学的方法、理论联系实际的方法来同台竞技。通过参赛，学生能更好地培养专业的创新思维，开阔视野，使专业的学习更有前瞻性。

（2）培养学生团队合作精神

无论从事什么工作，团队的协作精神都是至关重要的，它是一个团队不断向上的原动力，它会让每位队员产生一种归属感。一个士气高扬、活力充沛的团队是专业竞赛的必要元素，它能促使学生更好发挥整体的作战能力，实现团队的最大效能。这同时也折射出专业领域学习中所强调的双赢或共赢。

（3）培养学生精益求精、不断进取的专业学习态度

专业竞赛需要展现的是综合的素质要求，每一个细节、每一个环节，选手都必须认真对待，要做到精益求精，不管面对怎样的困难，都要借助团队的力量协力突破。通过参加专业竞赛，学生能更快更好地发现自身的优势与不足，更好地培养一种脚踏实地、不畏艰难、不断进取的专业精神。

2. 改善思维方式

（1）善于运用逆向思维考虑问题

逆向思维也叫求异思维，它是对司空见惯的似乎已成定论的事物或观点反过来思考的一种思维方式。敢于“反其道而思之”，让思维向对立面的方向发展，从问题的反面

深入地进行探索，树立新思想，创立新形象。竞赛能够激发学生的逆向思维能力，使学生在想问题、做事情的时候更灵活、更睿智。

（2）善于大胆创新，寻找新思路

竞赛是一个不断创造的过程，这个过程要求选手有源源不断的新思路。所以，无论何种类型的竞赛，都能不断激发学生的创新思维，提高学生的创造力。学生参赛中要打破思维惯性，在日常的工作和学习中也必须打破思维惯性。形成创新的思维模式，对于学生的全面发展有着深远的意义。

3. 提高专业技能

未来的竞争本质上就是人才的竞争，用人单位对员工技能和素质的要求也不断提高。学生通过参与技术实战、创新竞赛，把握了专业发展动态，熟悉了新技术和新方法，提高了自身专业技能水平。

4. 促进所学知识的应用

现代认知心理学认为知识的应用可以提高认知结构的可利用性、可辨别性，以及清晰度与稳定性，这一方面可以使人们已有的陈述性知识得到优化，使人们的已有知识经验在头脑中得到很好的储存，在人们要解决有关问题时，保证能够及时地“提取”，来解决相关问题；另一方面，它还有助于所掌握的陈述性知识向程序性知识的转化，人们通过练习可以进一步熟练掌握有关知识，从而形成有关的技能，这就实现了由陈述性知识向程序性知识的转化，这样，人们在遇到有关问题时，就能够根据有关条件顺利地得出某种结论，使问题迎刃而解。学生没有进入社会，学到的知识很少有机会在社会实践中使用，不同专业的比赛能够提供相对实际的模型和问题，使学生理论结合实际情况进行思考，将知识进行有效的应用和迁移，为学生“检阅”知识提供了一个有效的平台，使“冷冻”在大脑的知识被激活。

5. 加强对外联系能力

一项专业的比赛，参与者需要搜集相当多的信息，并认真进行整合，才能有根据地制订方案，继而执行。此外，需要密切关注比赛的整个进程，关于比赛的信息要及时更新跟进。通过参与比赛的整个流程，其对外联系工作可以提升学生的对外沟通能力和信息整合能力。

（二）几种大型竞赛介绍

1. 全国职业院校技能大赛

全国职业院校技能大赛是教育部联合天津市人民政府、工业和信息化部、财政部、人力资源和社会保障部、住房和城乡建设部、交通运输部、农业农村部、文化和旅游部、卫健委、国务院国有资产监督管理委员会、文化和旅游部、国家中医药管理局、国务院扶贫办、中华全国总工会、共青团中央、中华职业教育社、中国职业技术教育学会、中华全国供销合作总社、中国机械工业联合会、中国有色金属工业协会、中国石油和化学工业联合会、中国物流与采购联合会等部门共同主办的一项竞赛，竞赛每年举办一次，旨在集中展现职业院校师生的风采，努力营造全社会关心、支持职业教育发展的良好氛围，促进职业院校与行业企业的产教结合。该大赛是我国职业教育规格最高的一项赛事，正如时任教育部职业教育与成人教育司司长葛道凯所说，全国职业院校技能大赛被誉为职业教育的“奥林匹克”。

大赛分为高职组和中职组，共有会计技能，测绘测量，电子产品设计与制作（基于FPGA技术），电子产品检测与维修（芯片级），汽车检测与维修，汽车营销，中餐主题宴会设计，风光互补发电系统安装与调试，植物组织培养，园林景观设计，新城疫抗体水平测定，农机维修，农产品质量安全检测，烹饪，服装设计，报关技能，化工仪表自动化，化工生产技术，化工设备维修，工业分析检验，智能电梯装调与维护，英语口语，物联网技术应用，现代物流储存与配送作业优化设计和实施，计算机网络应用，信息安全管理与评估，护理技能，中药传统技能，自动化生产线安装与调试，机器人技术应用，工业产品造型设计与快速成型，数控机床装调、维修与升级改造，楼宇自动化系统安装与调试，水环境监测与治理技术，煤矿安全等数十项赛项。

2. 全国大学生数学建模竞赛

全国大学生数学建模竞赛是教育部高教司和中国工业与应用数学学会共同主办、面向全国高校（包括高职高专院校）所有专业大学生的一项科技竞赛，目的在于激励学生学习数学的积极性，提高学生建立数学模型和运用计算机技术解决实际问题的综合能力，鼓励广大学生踊跃参加课外科技活动，开拓知识面，培养创造精神及合作意识，推动大学数学教学体系、教学内容和方法的改革，是目前全国高校规模最大的基础性学科竞赛。该竞赛从2007年开始被列入教育部质量工程首批资助的学科竞赛。

全国大学生数学建模竞赛创办于1992年，此后每年举办一届，目前已成为全国高校规模最大的基础性学科竞赛，也是世界上规模最大的数学建模竞赛。竞赛题目一般来自工程技术和管理科学等方面经过适当简化加工的实际问题，不要求参赛者预先掌握高深的专门知识，只需要学过普通高校的数学课程。题目有较大的灵活性以供参赛者发挥其创造能力。参赛者应根据题目要求，完成一篇包括模型的假设、建立和求解，计算方法的设计和计算机实现，结果的分析和检验，模型的改进等方面的论文（即答卷）。竞赛评奖以假设的合理性、建模的创造性、结果的正确性和文字表述的清晰程度为主要标准。

3. 全国大学生电子设计竞赛

全国大学生电子设计竞赛由教育部高等教育司和工业和信息化部人事司共同主办，是教育部倡导的大学生学科竞赛之一，是面向大学生的群众性科技活动，目的在于推动高等学校促进信息与电子类学科课程体系和课程内容的改革，有助于高等学校实施素质教育，培养大学生的实践创新意识与基本能力、团队协作的人文精神和理论联系实际的学风；有助于学生工程实践素质的培养，提高学生针对实际问题进行电子设计制作的能力；有助于吸引、鼓励广大青年学生踊跃参加课外科技活动，为优秀人才的脱颖而出创造条件。每支参赛队均由三名学生组成，具有正式学籍的全日制在校本、专科生均有资格报名参赛。从 1997 年开始每两年举办一届，竞赛时间定于竞赛举办年度的 9 月，赛期四天。

4. 全国大学生机械创新设计大赛

全国大学生机械创新设计大赛是全国高校范围内的四大竞赛之一，是一项旨在提高大学生创新设计能力、实践操作能力和工程实践的竞赛活动。

全国大学生机械创新设计大赛的动议，是在 2002 年 5 月召开的机械基础课程教学指导分委员会工作会议上提出的。2002 年 11 月教育部高等学校机械学科教学指导委员会、机械基础课程教学指导分委员会向教育部高教司打报告申请举办全国大学生机械创新设计大赛，提出了第一届全国大学生机械创新设计大赛计划于 2004 年举行，以后每两年举行一次，采用先进行分赛区预赛，然后进行全国决赛的竞赛方式。

2005 年 11 月教育部高教司发文组建了“全国大学生机械创新设计大赛（2005—2008）组委会”，从而使全国大学生机械创新设计大赛成为全国理工科大学生四大竞赛之一。

5.“挑战杯”中国大学生创业计划竞赛和“挑战杯”全国大学生课外学术科技作品竞赛

“挑战杯”竞赛是由共青团中央、中国科协、教育部和全国学联共同主办的全国性的大学生课外学术实践竞赛。“挑战杯”竞赛在中国共有两个并列项目，一个是“挑战杯”中国大学生创业计划竞赛；另一个是“挑战杯”全国大学生课外学术科技作品竞赛。这两个项目的全国竞赛交叉轮流开展，每个项目每两年举办一届。

“挑战杯”中国大学生创业计划竞赛，是借鉴 20 世纪 80 年代在美国高校兴起的以推动成果转化为目标的活动。它借助风险投资运作模式，要求参赛者组成学科交叉、优势互补的竞赛团队，就一项具有市场前景的技术产品或服务，以获得风险资本的投资为目的，完成一份完整的创业计划书。

“挑战杯”全国大学生课外学术科技作品竞赛是一项全国性的竞赛活动，简称“大挑”（与“挑战杯”创业计划竞赛对应）。“挑战杯”系列竞赛被誉为中国大学生学术科技的“奥林匹克”，是目前国内大学生最关注最热门的全国性竞赛，也是全国最具代表性、权威性、示范性、导向性的大学生竞赛。该竞赛旨在鼓励大学生勇于创新、迎接挑战的精神，培养创新人才。

由于“挑战杯”竞赛活动在较高层次上展示了我国各高校的育人成果和推动了高

校与社会间的交流，已成为学校学生课余科技文化活动中的一项主导性活动，成为高校与社会交流和合作的重要窗口，成为促进高校科技成果向现实生产力转化的有效方式，成为培养高素质人才的重要途径，也是企业界接触和物色优秀科技英才、引进科技成果、宣传企业、树立企业良好形象的最佳机会，从而越来越受到广大学生的欢迎和各高校的重视，也在社会上产生越来越广泛而良好的影响，其声誉远播港澳地区甚至欧美发达国家。

第四节　大学生就业与创业

一、江西应用技术职业学院就业创业工作概述

作为一所发展中的国家骨干高职院校，江西应用技术职业学院始终坚持“以服务为宗旨，以就业为导向”的办学理念，努力提高就业服务质量。坚持“把毕业生就业摆在当前各项工作首位”的总体要求，以提高毕业生就业率和就业质量为抓手，以就业促发展，通过“走出去、请进来、多联系”的长效机制，积极开拓就业市场，搭建就业创业平台，为广大师生提供更优质的就业创业服务。

江西应用技术职业学院毕业生的就业率和就业质量高，毕业生一次工作的率连续12年超过95%，毕业生工作后的月薪、毕业生工作与专业相关度连续三年超过国家骨干高职院校平均水平，毕业生离职率低；用人单位对毕业生评价好，用人单位对我校毕业生满意度评价达到88.5%。在华东地区地勘单位，我校毕业生占据华东地区的“半壁江山”，多数已成为单位骨干和领导。学校连续12年被评为“江西省普通高校毕业生就业工作先进单位”和“江西省就业评估优秀学校”。相关情况见表5-1。

江西应用技术职业学院是同类高职院校中就业率和就业质量较高的院校，社会形象良好，受到考生与家长的信任，得到了用人单位和广大毕业生的充分肯定。第三方调查显示，我校毕业生工作与专业相关度、毕业时掌握的基本工作能力、毕业半年后平均收入、职业吻合度、自主创业比例均高于全国骨干校均值。

表5-1　近几年江西应用技术职业学院就业创业工作获奖情况表

序号	获奖项目	获奖时间
1	首届中国“互联网+”大学生创新创业大赛（三等奖一个）	2015年
2	首届江西省“互联网+”大学生创新创业大赛（一等奖一个、二等奖一个、三等奖一个）	2015年

续表

序号	获奖项目	获奖时间
3	中国创翼创业大赛江西省比赛“创翼之星”	2015 年
4	全省首届商业计划书比赛“优秀奖”	2015 年
5	2013—2015 年度就业工作评估先进单位	2016 年
6	2013—2015 年度全省普通高校就业工作优秀等级学校	2016 年
7	第二届中国“互联网 +”大学生创新创业大赛 （三等奖一个）	2016 年
8	第二届江西省“互联网 +”大学生创新创业大赛 （一等奖一项、三等奖三项）	2016 年
9	第二届江西省“互联网 +”大学生创新创业大赛 （优秀组织奖）	2016 年
10	全国职业学校创新创效创业大赛 （二等奖一项）	2016 年
11	“创青春”全国大学生创业大赛江西赛区 （一等奖一项、三等奖两项）	2016 年
12	“2016—2017 年中国职业教育就业百强”	2017 年
13	第三届中国“互联网 +”大学生创新创业大赛 （三等奖一个）	2017 年
14	第三届江西省“互联网 +”大学生创新创业大赛 （二等奖一项、三等奖一项）	2017 年
15	优秀毕业生就业先进事迹材料 （省级三等奖一项、省级优秀奖三项）	2017 年
16	大学生职业发展与就业指导课程教学教案及说课视频 （省级三等奖一项）	2017 年
17	高校毕业生就业困难群体帮扶典型案例 （省级优秀奖三项）	2017 年
18	毕业生基层就业先进事迹材料 （省级优秀奖三项）	2017 年

二、大学生就业工作

（一）就业指导课

江西应用技术职业学院将就业指导课程作为必修课纳入教学计划，分三个阶段（每个年级 14 个课时）分别开设职业生涯规划教育、创业教育和就业指导三部分内容，贯穿学生从入学到毕业整个培养过程。通过上就业指导课，激发学生自身职业生涯发展的自主意识，树立正确的就业观，理性地规划自身未来的发展，并努力在学习过程中自觉地提高就业能力和职业生涯管理能力。

（二）招聘会

学院每年10—11月会举办1~2场全校性的大型毕业生就业“双选会”。每年还会组织多场小型专场招聘会，为毕业生提供数量多、质量高的工作岗位。

毕业生在参加招聘会之前要做好相关的准备，包括简历、自荐信、成绩单、相关荣誉证书复印件等，注意自身着装。可通过学校宣传栏或就业信息网预先了解参加招聘会的单位，在招聘会上向有意向的单位投递简历和相关求职资料。

（三）就业援助与帮扶

江西应用技术职业学院积极营造全员参与就业援助与帮扶的良好氛围，督促各二级学院对“双困生”和少数民族毕业生提供特殊关怀，建立大学生就业援助机制和分类指导机制，全面开展“就业援助行动”和“就业帮扶行动”。学院根据“双困生”就业援助工作实施办法，为毕业生提供就业援助，开展“一对一”的指导服务。

符合就业援助与帮扶政策范围的毕业生要如实反映家庭及自身的情况，及时提交各种书面材料，积极争取被纳入学校就业援助与帮扶中，配合学校做好特殊群体毕业生的就业援助与帮扶工作。

（四）就业协议书

1. 就业协议书的申请和发放

（1）毕业生实名制网络申请

毕业生进入《江西省大学生就业协议书实名制打印》平台的学生登录页面（网址：http：//www. jxjob. net/EmployAgree/studentLogin. jsp），具体申请步骤为：激活认证基本资料—登录平台—申请就业协议书打印。

（2）学校就业部门审核、打印

学校招生就业处进入平台，审核、打印就业协议书。

（3）毕业生协议书发放

各二级学院就业干事从学校招就处签字领取本系学生的就业协议书；各二级学院就业干事发给各毕业班的班主任并做好相关登记；班主任将就业协议书发放给本班学生，并做好登记确认签字手续。

2. 就业协议书遗失、违约的情况处理

①毕业生遗失就业协议书或违约，须重新办理就业协议书。毕业生用注册时的用户名和密码进入学生平台。进行申请，具体步骤为：申请—申请类型—上传申请材料（将签字后的此表和其他佐证材料拍照上传）—填写申请说明—保存—申请审核。

②平台申请后，到学院招生就业处领取新的协议书。

（五）劳动合同

1. 劳动合同应包含的主要内容

劳动合同应当以书面形式订立，并具备以下条款：劳动合同期限，工作内容，劳动保护和劳动条件，劳动报酬，劳动纪律，劳动合同终止的条件，违反劳动合同的责任等。

2. 就业协议与劳动合同的联系

就业协议与劳动合同是用人单位录用毕业生时所订立的书面协议，但两者分处两个相互联系的不同阶段，一般来说，就业协议签订在前，劳动合同订立在后，如果毕业生与用人单位就工资待遇、住房等有事先约定，亦可在就业协议备注条款中予以注明，日后双方在订立劳动合同时对此内容应予认可。

（六）报到证

1. 报到证的作用及改派程序

报到证是到接收单位报到的凭证，它证明持证的毕业生是纳入国家统一招生计划的学生，毕业生凭报到证及其他有关材料办理户口和人事档案等手续，同时，报到证也是人才服务机构存档的证明。

毕业生领到报到证后如因特殊情况需调整派遣单位的，必须办理改派手续。申请改派需准备的材料是：①新签定的就业协议书或相关接收函件；②原报到证；③如果原来的报到证是开往用人单位的（入编制），现要改派到新单位，还需要原接收单位出具同意解除协议的函件。原则上，毕业生在毕业后两年之内可以办理改派手续。

2. 报到证遗失补办程序

毕业当年遗失了报到证的，须由毕业生本人登报声明，毕业生所在二级学院证明属实后，到学校招就处登记，到江西省高校毕业生就业指导服务中心补办报到证（须在报到证备注栏内注明“原证遗失，系补办”字样），按规定收取报到证工本费。毕业一年后遗失报到证的，不再补办报到证原件，可以补办《关于遗失高校报到证的证明》。

（七）毕业证

1. 查验毕业证信息

大专毕业证书查验网址为 http：//www. chsi. com. cn（中国高等教育学生信息网—学历查询）；中专毕业证书查验网址为 http：//www. jxzcj. cn/（江西职业教育信息网—证书查询）。

2. 毕业证书遗失后的补办程序

补办程序为毕业生写好申请书（写明遗失原因、姓名、班级、专业、入校及毕业年份、个人联系电话等）—班主任签署意见—二级学院书记签署意见—招就处处长签署意见—主管院长签署意见（补办毕业证明者，须准备两张两寸蓝底照片）。

毕业证和报到证遗失，一律不能补办原件，请毕业生自行保管好。建议：①毕业证和报到证，采取扫描或复件的方式，本人永久保存；②毕业证及报到证因其重要性及材料的特殊性，特别是大专毕业证，在内芯和塑料薄膜间放一张纸巾，这样可避免因塑胶薄膜过热而造成内芯字迹脱落。

（八）毕业生档案

1. 毕业生档案内包括的材料及遗失后的补办方法

毕业生档案一般包括学习成绩单、学籍表、录取通知书、高考报考材料、毕业生登记表、学习成绩表、学年操行评语表、综合素质测评表、团员材料、报到证副本等。毕业生落实档案去向的同时应向用人单位或人才交流中心确认档案袋内材料是否齐全，如有错漏及时与学校招就处联系。

档案如不慎遗失，应由毕业生个人写申请，领导签字后补办。须补办以下材料：学籍表（学生个人填写，学工处审核）、学年操行评语表（班主任填写，系部盖章）、学习成绩单（教务处打印并盖章）、毕业生登记表（学生个人及班主任填写，系部盖章）。最后到招就处归档。

2. 毕业后毕业生档案的转寄

毕业生档案转递一律采用邮政专用封套特快专递方式邮寄或由专人派送的方式，原则上不准自带。档案发往地址可在学院就业信息网站（http：//www. jxyyxy. com/jyw/）或致电学校招生就业处 0797－8326576 查询。

档案去向：①落实了入编的就业单位的，其档案直接寄送到该单位的人事部门；在其他性质单位就业并在人才市场或人才交流中心办理了挂靠手续的，档案寄到相关的人才市场或人才交流中心。②专升本的毕业生档案由毕业生自带或寄送到录取学校。③申请出国或带报到证回生源地报到的，档案寄送到生源地就业部门。④延长学年的学生档案保留在学校，于毕业生完成学业时根据具体情况寄出。⑤用人单位暂时不能确定入编的，毕业生可申请将档案暂留学校，保留期限为两年。待取得入编资格后，由学校转寄到用人单位。

（九）户口的作用，毕业生如何办理户口迁移证

办理“五险一金”、结婚、身份证、计划生育证明、未婚证明、失业证明等都需要用到户口。

户口已迁入学校的，由学校安保处办理《户口迁移证》。户口未迁入学校的毕业生需要迁移的，凭报到证和用人单位主管部门的接收证明，便可将户口由原籍迁至工作单位所在地。

（十）就业信息网

江西应用技术职业学院就业信息网（毕业生就业中心）为 http：//www.jxyyxy.com/jyw/。就业信息网有中心简介、工作流程、管理制度、职业规划、就业之星、就业简报、下载中心等栏目，还有通知公告、招聘公告栏、就业政策、就业指导、创业园、毕业生资源信息、毕业生查询、职场快递、职场测评等板块。除此之外，网页上还有大学生就业一站式服务系统、网络求职平台等求职链接。毕业生可以通过就业信息网了解就业的相关政策和程序并获取就业求职信息，也可以通过致电学校招生就业处 0797－8326576 向招就处的老师咨询就业的相关问题。

三、大学生创业

（一）如何申请参加 SYB 创业培训

学校每年面对大三学生和创业园开办者实施大学生创业专项培训。组织多期“创办你的企业”（SYB）创业培训，报名者自愿报名申请，经二级学院审定，由招就处组织安排取得 SYB 培训讲师资质的教师担任教学任务，学生参加 SYB 创业培训考试合格的学员将获得江西省人力资源和社会保障厅印发的创业培训合格证书，享受国家相关扶持政策。

（二）有创业项目和创业意向，如何申请加入创业园

江西应用技术职业学院大学生创新创业园于 2014 年年初正式开园启用，第一期面积共有 1 030 平方米，可容纳 16 个项目。园区划分为创业项目实践区、综合办公室等区域。

江西应用技术职业学院大学生创新创业园新园（二期）位于学生宿舍第 21 栋一楼，建筑面积 1 700 平方米，预算投入 200 万元，设有路演区 1 间、集创区（A、B）2 个、企业办公区 27 间、企业文化展厅 1 间、接待会议室 1 间等。2017 年 11 月大学生创新创业园新园开始正式营业，园区将定期举办创客论坛、讲座等活动，为学生们提供更多的沟通交流机会，综合培养学生的创新意识、创新精神和创新创业能力。

江西应用技术职业学院大学生创新创业园帮助学生降低创业成本、提高抵御创业风险的能力，为我校有志于创业的青年学生搭建了良好的创业实践平台。

有意向加入大学生创新创业园创业的学生，可到学校就业信息网“下载中心”栏下载《大学生创新创业园项目申报书》，填写好相关内容，征求家长意见，并找好指导老师做创业指导，经二级学院领导签署意见后，在每个学期开学的第一个月内向创业园管委会办公室（或招生就业处）提交申请，经创业园管委会办公室筛选和审核，再提交给创业园管委会审批后即可入园创业。申请过程中如有问题可致电学校招生就业处

0797－8326576进行咨询。

（三）毕业年度内创业如何申请就业创业证

从2015年1月起，国家相关部委将“就业失业登记证”更名为“就业创业证”，已发放的就业失业登记证继续有效，不再统一更换。就业创业证的发放、使用、管理等事项按人力资源社会保障部的有关规定执行。国家取消高校毕业生自主创业证，毕业年度内高校毕业生从事个体经营的，持就业创业证（注明“毕业年度内自主创业税收政策”）享受税收优惠政策。

毕业年度内应届毕业班学生在校期间凭学生证向当地人力资源与社会保障局劳动就业管理服务中心按规定申领就业创业证，或委托所在高校就业指导中心向当地人力资源与社会保障局劳动就业管理服务中心按规定代为其申领就业创业证；毕业年度内高校毕业生离校后可凭毕业证直接向当地人力资源与社会保障局劳动就业管理服务中心按规定申领就业创业证。

第六章 大学生心理

刚入学的大学新生在生活环境、人际关系、学习方式等方面都与中学阶段不同，将会发生很大的变化。因此，大学新生往往会面临心理上的不适应，出现焦虑、苦闷、失落、茫然、自卑等情绪，困扰自我，影响个体正常的学习和生活。新生要重视心理健康对成长的重要性，学习和掌握心理健康知识，正确认识自我，主动进行心理调适，克服个性的不足，积极参加集体活动，建立良好的人际关系，始终保持良好的心态，提高心理素质，优化心理品质，不断适应新的环境，迈出人生坚实的一步。

第一节 新环境与心理适应

大学阶段是发展自我、完善自我的一个重要阶段。新生步入大学，面对自己在大学中的种种不适，要及时调节好自己的心理状态，使自己的心理处于健康而良好的状态非常重要。如何改善心理条件，调节不良心理，规划大学生活，是每个大学新生都必须考虑的问题。

一、主动适应，尽快掌握新生活的技能

面对新的环境变化，大学新生可从以下三点入手，努力培养自己适应新环境的能力：一是要有积极乐观的心态，不能等待和逃避，要主动去探索和认识环境的变化，根据这些变化调整自己的生活习惯。异地的学生要积极与本地学生进行交流，了解当地的自然环境、风俗习惯、方言、生活方式等情况，做好应对这些变化的准备。二是要培养独立生活的能力，养成良好的生活习惯，形成健康的生活方式。进入大学校园后，新生应尽快形成独立生活的意识，自主地计划和管理好自己的生活，包括制订有规律的作息计划，合理饮食，养成良好的卫生习惯，合理进行理财和消费，要拒绝和远离种种不良的生活习惯和方式，如抽烟、酗酒、玩通宵、沉迷于网络游戏、铺张浪费等。三是要培养自己的兴趣爱好，充实愉快地安排好自己的大学生活。大学新生应该合理利用课余时

间，一方面积极参与校园文化生活，在这个过程中锻炼自己的各种能力，提高自身综合素质；另一方面要培养自己广泛的兴趣爱好，丰富自己的生活内容，增添生活的情趣，培养自己高尚的情操。

二、正确地认识自己和悦纳自己

正确地认识自己是大学生与现实保持和谐关系的关键。要达到良好的生活适应，应从现实中先认识自己，而后再进一步去实现自己。如果一个人对自己有清醒的认识，并能悦纳自己，心理就比较健康，也能够比较好地适应环境。此外，大学生应当正确地与他人比较以及正确地对待他人对自己的评价，科学地分析自己的长处和短处，一方面要看到自己的优势，注意保持并不断提升这种优势，在同学当中逐步形成自己的特点，建立自己在同学中的威信；另一方面对于自身存在的差距要想方设法弥补，但是对于一些自己很努力却无法赶上他人的差距，比如特长方面，要以正确的心态来对待，“金无足赤，人无完人”，不要因此而自卑，只有客观全面地认识自我，摆正自己的心态，才能心平气和地悦纳自我，树立信心，朝着自己的目标努力。

三、树立明确的目标和方向

目标具有动力、导向和激励的作用，目标是人们活动所追求的预期结果，是激发人的积极性，使人产生自觉行为的必要前提。新生进入大学后，往往是原来的目标达到了，新的目标尚未确立，就像是站在十字路口的迷茫羔羊，失去了前进的动力和奋斗目标，出现目标丢失和理想真空的状态，无所适从，学习缺乏动力和激情。

因此，在熟悉环境之后，应该尽快为自己确定一个新的学习目标和奋斗目标。目标的制定要依据自己的个性特点、能力以及客观条件，盲目地追随别人或社会时尚，不但不会获得成功，还会影响心理的平衡。还应该随时根据已经变化了的情况，及时对目标做出调整，以免目标脱离实际而不能实现。只要我们能树立一个合适的目标，就会有行动的方向和动力，就会充满信心和活力，就能如愿地实现自己的目标和理想，为将来顺利就业铺平道路。

四、培养乐观情绪，加强意志锻炼，成功度过适应期

乐观积极的情绪，对人的意志、行为和个性心理等起着积极的作用，同时它还主宰人的健康，影响人际关系，影响学习和工作，决定个人的成功与发展。有研究表明，成功人士除了其本身具有超人的智力之外，更重要的是有超人的意志品质，也就是说，他们具有坚定的信心和必胜的勇气，有不畏艰险和百折不挠的精神。校园是社会的缩影，我们往往会面临突如其来的困难和曲折，会受到批评和误解，这些都是正常的。尤其是

对于大学新生，对新环境与新事物的不适应而产生的不顺心和委屈往往较多，摆在面前需要克服的困难和挫折更多。在遇到挫折时，意志力强的人往往能够自觉控制和调节自己的心理与行为，面对现实，找出失败的原因，施展所有的本领来应对困难。意志力强的人往往对挫折的适应能力、承受能力都较强，并能将挫折进一步转化为促进目标实现的积极因素，进一步增进自己的自信心。

五、掌握良好的交往技巧，建立和谐的人际关系

大学新生多为独生子女，往往自理能力差，又远离家庭，一般不易适应新的环境。所以新生入学后，既要学会独立自主，又要学会与人交往。良好的人际关系是大学新生提高学习效率、完善自身意识、促进心理保健的需要。新生应该了解人际交往的几大原则，在人际交往中自觉遵循这些原则。一是平等尊重原则，主要是指人际交往双方在精神上、人格上和地位上是平等的，没有人身依附关系，因此要尊重对方的意愿，不能强迫他人，这是人际关系形成的基础；二是诚实守信原则，指在交往中要重诚信、讲信用、不欺骗，从而形成值得信赖的关系，这是人际关系得以维持、发展和深入的保障；三是互利互惠原则，人际交往是一个互动的过程，在这个过程中双方都要有所付出、有所给予，才能得到对方的帮助和支持。

六、学习心理知识，寻求心理帮助，维护身心健康

新生进入大学以后，人生开始了一段新的里程，许多事物都发生了变化，从而在心理上将会产生一些不适应。因此，新生要学会全面地、客观地看待事物，积极寻求心理帮助，学会一些心理调适方法，摆脱负面情绪，维护身心健康。

第二节 心理调适

一、掌握自我调适的方法

大学生学习和掌握一些自我心理调节的方法是十分必要的，大学生可以选择适合的方法来调节自我，常见的方法有以下几种。

（一）暗示调节

心理学研究表明，暗示对人的心理活动和行为具有显著的影响，内部语言可以引起或抑制人的心理和行为。自我暗示即通过内部语言来提醒和安慰自己，例如提醒自己“不要灰心”“不要着急”“一切都会过去的”“事情并不像我想象的那么糟”等，以此

来缓解心理压力，调整不良情绪。

（二）放松调节

放松调节是通过对身体各部分主要肌肉的系统放松练习，抑制伴随紧张而产生的血压升高、头痛、手脚冒汗、腹泻、失眠等不良的生理反应，从而减轻心理上的压力和紧张焦虑情绪。以下提供几种切实可行的压力消除法。

1. 深呼吸

深呼吸可以缓和即将爆发出来的情绪反应，你只要从鼻子吸气，慢慢地流经你的腹部，然后到你的肋骨，再慢慢地从鼻子呼出这些气，而且轻轻地说声“放松”，只要几秒钟的动作就可以让你的情绪焕然一新。

2. 放松肌肉

在3分钟的时间内，可以试着做下面几个动作来放松肌肉。

①坐下，闭上眼睛。

②吸气，约持续吸气6秒钟，一方面尽可能收紧你的肌肉。

③发出嘶嘶声地呼出你吸进的气，让身体松弛下来，然后有节奏地呼吸20秒。

④再重复上述②至③步骤两次即可。

3. 浸泡热水

热水澡是最古老的镇静剂，要放松自己，最好浸泡在比自己的体温略高一些的热水里，时间不要超过15分钟。温水浴有同样的帮助。

4. 散步

尽量别安排午餐约会，而是利用午餐时间让自己的心灵休息一下，独自一个人，全神贯注慢慢地享受午餐。之后可以去散散步，研究表明，一段10分钟的轻松散步，可以让紧张的情绪得以缓解，其效果可持续1~2小时。

5. 和自己说话

这不代表自己疯了，事实上，和自己说话可以帮助你避免走上毁灭之路。和自己说话是缓解压力的好方法。这个方法主要是可以让自己有机会去倾听、发问和思考自己的问题，如此一来，视野才会不再狭窄。

6. 不要过度恐慌

如果你常说一些诸如“天啊！多么惨啊！”之类的话，你可能就是过度恐慌了。如果有必要，就想象自己身处在洪水之中，如此你就能明白，脸上冒出颗大痘痘，其实不是什么大不了的事。

7. 打开音乐，随歌而舞

有专家说放松心情的音乐应该由乐器慢慢地、静静地演奏出来，但如果你厌恶了听布拉姆斯的音乐，其实也没关系，使你宁静的音乐有两个特性：你熟悉的与你喜欢的，所以无论是何种音乐，只要能让你高兴就好。

8. 规律性运动

规律性运动可能是解除压力的最可行的方法之一。做 40 分钟的运动，可以减少压力长达 3 小时，而相同时间的休息却只能让你轻松 20 分钟。同时，倘若你愈紧张，运动之后就愈能感到愉悦。

9. 什么都不做

要让一个忙得不可开交的人突然放下所有的事务，的确不容易，但是每个人都需要有一段空白时间。现实生活竞争激烈，如果不留些时间给自己，将会使自己显得紧张、烦躁和焦虑不安，这种情绪也会影响到他人。

10. 承认这个世界并不完美

承认不完美是世上最理性的生活态度，我们必须了解，百分之百的完美是不可能达成的，能够达到 90% 就已相当成功了。完美主义者要求完美，但最后给他们带来的却是对职业生涯和个人生活的烦闷与不满，即使完美主义者奋斗不懈，他们并不见得比其他人更有成就。

11. 进行心理咨询

所有关于压力解除的观念，强调的就是利用一些技巧来平衡过多的压力，并不是要让自己什么压力都没有。因此，若不能自己控制压力，就不要一个人默默受苦，而是找心理老师谈谈，那样会很有帮助。

（三）想象调节

想象调节是指在想象中对现实生活中的挫折情境和使自己感到紧张、焦虑的事件的预演，学会在想象的情境中放松自己，并使之转移，从而达到能在真实的挫折情境和紧张的场合下对付各种不良的情绪反应。想象调节的基本做法是：首先学会有效放松；其次把挫折和紧张事件按紧张的等级由低到高排列出来，制成等级表；最后依据等级表由低到高逐步进行想象脱敏训练。

二、培养乐观精神，使自己成为自信的人

随着大学阶段知识量的急剧增加，大学生智力的发展达到了较高的水平。由于大学生各方面发育的完善，他们的心理发展水平正处于迅速走向成熟的阶段。与青年初期相比，他们的情绪体验来得快而强烈，此时的他们有一定的调节和克制自己情绪的能力，但较之成人却显得有些多变，具有不稳定性。而乐观的心态能够使人开阔视野，有利于人的精神集中。它可以使人在遇到困难、面对逆境时，保持清醒的头脑，客观地认识自己，更有利于快速地找到正确释放不良情绪的出口。因此，培养大学生拥有乐观心态对大学生健康成长是非常必要的。德国心理学家皮特·劳斯特提出了培养乐观的 10 条

建议：

①越担惊受怕，就越易遭灾祸。因此，一定要懂得积极态度所带来的力量，要坚信希望和乐观能引导你走向胜利。

②即使处境危难，也要寻找积极因素。这样，你就不会放弃取得微小胜利的努力。你越乐观，你克服困难的勇气就会越大。

③以幽默的态度接受生活中的挫折和失败。有幽默感的人，才有能力轻松地克服窘境和厄运，排除随之而来的自认为倒霉的念头。

④既不要被逆境困扰，也不要幻想出现奇迹，要脚踏实地，坚持不懈，全力以赴去争取胜利。

⑤不管多么严峻的形势向你逼来，你都要努力去发现有利的条件。不久，你就会发现：到处都有一些或大或小的成功因素围绕着你，这样一来，自信心自然也就增大了。

⑥不要把悲观作为保护你失望情绪的缓冲器。乐观是希望之花，能赐人以力量。

⑦你失败了，但你要想到，你曾经多次获得过成功。这才是值得庆幸的。如果10个问题，你做对了5个，做错了5个，那么你还是完全有理由庆祝一番的，因为你已经成功地解决了一半问题。

⑧在你的闲暇时间内，努力接近乐观的人，观察他们的行为。通过观察，你能培养起乐观的态度，乐观的火种会慢慢地在你内心点燃。

⑨要知道，悲观不是天生的。像人类的其他态度一样，悲观不但可以减轻，而且通过努力还能转变成一种新的态度——乐观。

⑩如果乐观态度使你成功了，那么你就应该相信这样的结论：乐观是成功之源。

此外，培养多方面的兴趣与爱好，多参加集体活动，多加强体育锻炼，多看幽默剧、相声等给人带来愉悦的节目，都有助于培养乐观的性格。

第三节　情绪控制

一、大学生的情绪特征

1. 情绪易冲动且情感丰富

随着社会活动范围的扩大以及社会文化水平的不断提高，大学生的自我认识和社会认识往往越来越丰富，参与社会和学校的各种活动的积极性也越来越高，对新鲜事物抱有很高的热情，同时也产生了多种多样的情绪体验。比如，有在自己出身和家庭经济情况方面产生的自卑、自傲、自负、以自我为中心，或者认为自己高人一等的情绪体验；

又如，在社会影响力、个人荣誉方面产生的自大或自惭的情绪体验。大学生正处于青年时期，血气方刚，精力充沛，思想活跃，但是由于认知评价的片面性及社会文化的制约对情绪产生的作用，大学生的情绪体验又具有易冲动的特点。比如看见朋友受人欺负而“拔刀相助”，又如追求异性遭拒绝而做出不理智的举动，等等。

2. 情绪的起伏性和弥散性

大学生的情绪反应往往比较强烈。首先表现在对外部刺激反应过于敏感，喜怒哀乐等情绪表现得比较充分，高兴起来的时候手舞足蹈，消沉起来的时候无精打采，气愤起来的时候暴跳如雷。其次表现为情绪心境化。即一件事引起的情绪反应可以较长时间停留在心头，被人们形象地称为“拉长了的情绪”。同时，大学生这种情绪体验又极易影响周围的人，具有很强的弥散性。比如，自己的好朋友失恋时情绪极其低落，自己也觉得不愉快；而自己遇到不愉快的事情的时候，和三五知己聊天谈心，往往被快乐的情绪感染，心情也就舒畅起来，觉得周围的人和事都是美好的。

3. 情感的压抑性和文饰性

大学生随着年龄的增长，自我控制能力和调节能力逐渐提高，在情绪表现上带有压抑和文饰的特点，大学生会根据不同的因素表现出不同的情感，有时还会把自己真实的情感世界伪装起来，用一种与内心世界不一致的方式来表达。例如，明明对某个人的某种行为极其不满，但为了不与人结怨，便努力压抑自己的情绪。这些大学生的情绪特征又会引发各种各样的异常情绪，如焦虑、忧郁、骄傲、愤怒、嫉妒等，在实际生活中，我们要学会努力控制和调节自己的情绪，当不良情绪产生时，及时清除和克服，努力减轻或消除不良情绪带来的影响和伤害。

二、情绪、情感的调节方法

人的情绪、情感极为复杂多变，为了保持良好的情绪、情感，避免消极的情绪、情感，重要的是要学会对情绪、情感进行自我调节。情绪、情感的自我调节方法主要有以下几种。

（一）理智调节，自我冷化

就是用道德修养与意志修养来控制或缓解愤怒情绪的发生，变“热处理”为“冷处理”。在同样的刺激面前，为什么有的人动了情绪，有的人却泰然自若？事实充分说明，驾驭情绪的关键在于提高认识水平，加强知识修养与品德修养，提高自制力。对不利于自己的言行要有一种容忍的精神，经得起错误的批评甚至是冤枉，胸怀宽广，轻小辱，弃小利，克己让人，以大局为重。

（二）转移调节，情感升华

情绪、情感常常是因为注意到某件事或某个事物引起的。转移注意目标，可以引起相应的情绪和情感变化。所以发怒时，应尽量避开使自己发怒的刺激，有意识地把自己已有的情绪、情感转移到另一个方向上去，使之得到缓解。如把自己置身于春风荡漾、青山绿水、莺歌燕舞的美好气氛中，往往能使感情尽快平静下来，以新的姿态去开拓新生活，并用新的生活淡化过去遭受的挫折，转移自己的注意力，以求得心理上的平衡。

（三）音乐调节

“感人心者，莫先于乐。”健康的曲调，富有美感的音乐，能启迪人的心灵，陶冶人的情操，从而产生调节情绪、提高精神文明水平的作用。因此，在紧张的工作之余，唱几首心爱的歌曲，欣赏一下欢快活泼的轻音乐，人们会顿时觉得心旷神怡，精神振奋，一天的疲劳仿佛不翼而飞。轻盈流畅的轻音乐，使人轻松愉快；优雅文静的小夜曲，使人温和安宁；雄壮有力的进行曲，能诱发人的激情，让人以热情奔放、斗志昂扬的状态披荆斩棘。

（四）宣泄调节

这是指将郁积的烦恼倾诉出来。作为发泄痛苦的一种方式，宣泄调节往往可以给人以极大的精神解脱，使人感到由衷的舒畅。俗话说“乐极生悲”，情绪、情感反应超过了适度，可能走向其反面，而不利于身心的健康发展。所以，不论是过分的高兴，还是过分的悲伤、愤怒等，都不适宜完全埋藏在心里，而应适度地释放出来。平时我们看到某人十分痛苦时，常常劝他痛哭一场，而不要闷在心里，就是这个道理。

弗洛伊德在进行临床治疗时，曾采用自由谈话法，让患者滔滔不绝地尽情倾泻自己内心的隐私，吐露被压抑的消极情绪，这对解除其内心障碍很有帮助。所以，如果我们每个人都能把自己内心的矛盾、悲伤和积郁向朋友统统倾吐出来，痛痛快快地宣泄一番，这样往往就会感到好像甩掉了一个沉重的包袱，心里就会觉得轻松许多。当你敞开心扉向朋友吐露真情之后，还可以从朋友的劝告中得到安慰与支持。可见，宣泄不仅是人摆脱恶劣心境的必要手段，也可以强化人们战胜困难的信心和勇气。

（五）语词调节

语词不仅能交流信息，也具有调节人的行为及情感的功能。有时候，几句话可以把一个人说恼，也可以把一个人逗乐；几句话可以把一个人说得垂头丧气，也可以把一个人说得勇气倍增。特别是青年人的情绪往往好比暴风骤雨，来势迅猛，变化无常。几句知心的话，能激起满腔热情，上刀山、下火海也在所不惜；几句不恰当的指责，挫伤了自尊心，便偃旗息鼓，一蹶不振。不少人喜欢在自己的房间里挂上“忍”“制怒”一类的条幅，每逢难忍或易怒时，抬头看到墙上挂的这类条幅，往往可以控制或缓和自己的激情与冲动。

（六）努力工作和学习，用繁忙驱走烦恼

心理调查表明，空闲无聊的人烦恼多，而繁忙的人往往最快活。因此，当你碰到不愉快的事情时，最好脚不歇、手不停地工作，摆脱思想负担，在搏击困难中感受快乐。毛泽东年轻时曾写过“与天奋斗，其乐无穷；与地奋斗，其乐无穷；与人奋斗，其乐无穷”。奋斗与搏击是一种高尚的精神历程。

对于学生来说，多读书，读好书，也是一种极为重要的解脱方法。阅读往往能转移人的思想，带你进入另一个天地，冲淡你的烦恼。一个嗜读的人，读到一本好书，会感到心旷神怡、天宽地阔，从阅读中能感受到极大的乐趣。

（七）用体育锻炼调节情绪

跑步、游泳、打球等运动项目也是化解不良情绪的有效方法之一。因为运动可使心率加快，促进血液循环，改善机体对氧气的吸收作用，从而使人精神振奋。同时，体育锻炼也可以使人摆脱失败带来的心理压力，运动中的乐趣与群体合作的和谐气氛可以冲淡心灵上失败的阴影，使人在精神松弛之后再次扬起前进的风帆。体育锻炼能培养人的自觉性、自制性与坚韧性，还可以培养人的竞争意识，使人学会超越自己，超越别人，这些良好的心理因素有助于开朗性格的培养及自信心的形成。

（八）用色彩调节情绪

人们生活在颜色的海洋里，每时每刻都在同颜色打交道。虽然色彩调节情绪的效果没有香味四溢的佳肴刺激那样快速，没有热情奔放的音乐那样强烈，但色彩往往能以潜移默化的力量给人的情感以熏陶和影响，引起人们的情感效应。也就是说，人们已经把特定的颜色同一定的心境或情绪体验联系在一起。科学研究表明，不同的色彩所引起的人的情感体验是不同的。

第四节　学校心理咨询

学校心理咨询是学校心理咨询工作人员运用心理学的原理和方法，对在校学生的学习、适应、发展、择业等问题给予直接或间接的指导和帮助，并对有关心理障碍或轻微精神疾患进行诊断、矫治的过程。

一、学校心理咨询的对象和内容

1. 学校心理咨询的对象

（1）所有正常的在校学生

所有在校生在学习、生活、发展、择业等方面遇到问题时，都可以向学校心理咨询工作人员寻求帮助。

（2）心理偏常的学生

这类学生在认知、情感、意志行为等方面有不同程度的障碍，或存在一定心理问题。

（3）学校的教师、行政人员和学生家长

学校心理咨询为他们提供心理学的知识和劝导，从而帮助他们明确学生的身心特点并有针对性地提供帮助。

2. 学校心理咨询的内容

（1）以人生发展为中心的咨询内容

大学生的人生发展目标，比如学习目标的确立、就业方向的选择、职业兴趣的测定与培养、大学生的情绪指导与情感陶冶等。

（2）以适应校园生活为中心的咨询内容

比如大学新生入学适应的心理问题，大学生不良学习方法的纠正，引导大学生正确与异性交往，帮助大学生正确处理人际冲突等。

（3）以心理健康问题为中心的咨询内容

比如常见的心理疾病诊断、治疗和护理问题。

二、心理咨询的一般原则

心理咨询的原则是指导心理咨询工作的基本原理，是心理咨询工作人员在咨询活动中必须遵守的基本要求。

（一）保密性原则

保密性原则是指心理咨询工作人员有义务对咨询对象的访谈内容予以保密，咨询对象的名誉和隐私权应受到道义上的维护与法律上的保证。保密既是咨询双方建立和维系信赖关系的基础，也是维护心理咨询工作声誉的大问题，替咨询对象保密也是维护社会伦理道德、捍卫法律尊严和公民权利的必然要求。从道理上说，咨询过程中经常不可避免地涉及咨询对象的缺陷或其他人的隐私，甚至会涉及单位或家庭内部的矛盾冲突，了解这些情况的目的在于更好地为咨询对象消除心理障碍。但如果这些深层的隐秘得不到应有的保护和尊重，就很可能激化矛盾，引起事端，甚至有可能造成咨询对象的绝望和轻生，因此，不得随意向外泄露这类隐秘。从法律上看，维护公民的个人权益是我国宪法明确规定的，心理咨询工作者应牢记自己的法律责任和义务，坚持为咨询对象保守秘密，保护咨询对象的合法权益。

（二）整体性原则

整体性原则是指在咨询过程中，咨询工作人员要有整体观念，对咨询对象的心理做到全面考察，系统分析，使咨询工作准确有效，防止和克服咨询工作中的片面性。心理咨询工作强调整体性原则，是因为不仅人的心理是一个有机的整体，知、情、意、行是密切联系在一起的，心理过程、心理状态与个性心理特征，心理因素与生理因素等方面也相互作用、相互影响，而且个体身心因素与外部环境特别是社会环境之间也存在彼此制约、互为因果的错综复杂的联系。因此，心理咨询工作绝不能“只见树木，不见森林”，而应综合考虑个体心理的完整性和统一性，个体身心因素与外部环境的制约性和协调性，全面考察和分析咨询对象心理问题的形成原因，以便做出科学的诊断与恰当的处理。

（三）信赖性原则

信赖性原则是指在心理咨询过程中，咨询工作人员应从尊重、信任的立场出发，努力与咨询对象建立起朋友式的信赖关系，以确保咨询工作的顺利进行。咨询对象来咨询前，往往有一种矛盾的心理。他们既对咨询人员充满期望，又担心不能碰到热情、有耐心、学识渊博的咨询人员，因此，一般比较拘谨，带有观望的态度。咨询工作人员应热情接待，创造一种和谐的交友气氛，相互建立一种信任感，使咨询对象的紧张心情松弛下来，由观望变为信任，产生愿意交往的心理，能毫无保留地吐露真实情况和想法，为顺利进行心理咨询奠定牢固的基础。

（四）差异性原则

差异性原则是指咨询工作人员在咨询中既要遵循心理咨询中的一般特点和规律，又要注意咨询对象的个别差异。首先，要根据咨询对象的性别、年龄、职业、文化程度等确定咨询的方法。比如，不同文化程度的咨询对象，对咨询工作的理解和接纳程度有很大的不同。文化程度较高的咨询对象会有较强的分析能力、评判能力，因此在咨询中可以和他们深入讨论有关问题，从理论上提出建议，帮助他们纠正认识的偏差；但对一些文化程度较低的咨询对象，则不宜进行过多的理论探讨，而应深入浅出地解释其心理症结之所在。其次，要根据咨询对象的具体情况，选择相应的诊治措施。

（五）指导性原则

指导性原则是指咨询工作人员要针对咨询对象的具体情况，在从理论到实践的各个层次上提出积极的建议，帮助咨询对象获得合理的认知形式、良好的行为方式。首先，咨询对象的心理障碍多半是由家庭、社会、工作中的矛盾引起的，并因此可能带来消极厌世甚至敌对的情绪。咨询工作人员应实事求是地对问题进行分析，逐步逐项地加以开导，帮助他们改变看问题的角度，建立新的思维方式。其次，指导性原则还体现在咨询工作人员应帮助咨询对象归纳、总结在克服心理障碍中的一些行之有效的做法，多从理论上加以指导，理顺头绪，增强咨询对象的自信心，提高其克服心理障碍的自觉性和积极性。

（六）矫正与发展相结合的原则

矫正与发展相结合的原则是指咨询中既要为咨询对象排除心理障碍，使其心理获得平衡，又必须积极促进其发展，这样才能最大限度地发挥咨询的功效。心理咨询中矫正与发展相结合是人的心理发展的客观要求。在心理咨询过程中，如果这些深层次的问题没能得到根本解决，咨询对象的情况就会时好时坏，反复出现。要彻底根除心理障碍，就必须将矫正与发展结合起来，不仅矫正表面障碍，而且更要发展、完善其人格特征与认知结构，只有这样，才能真正达到促进身心健康的目的。从心理咨询目标看，矫治障碍只是一个具体目标，促进人的发展才是心理咨询的终极目标，只有将两者结合起来，才能在最大限度地发挥心理咨询的功效。

三、学校心理咨询的作用

1. 倾诉心声

每个人都有倾诉心声的心理需要，当你释放心理压力时，朋友、同学、亲人都可以成为倾听心声的人，但他们也有不方便、不适宜的时候，而与自己没有亲缘和利害关系的心理咨询师则能耐心地听倾诉，用心理专业的知识为你分析问题、排忧解难。

2. 辨明问题

人的心理问题有各种类型和性质，不同的问题应该用不同的方法来解决。许多心理问题并不是心理疾病，而是由纷繁复杂的社会生活引发的，就大学生来说，有些是与学习有关的心理问题，比如学习动机、厌学情绪、考试焦虑等；有些是与自我观念有关的心理问题，比如自卑、自恋、自傲、自闭等。诸如此类的问题，都不是心理疾病，但如果不及时解决就会使人情绪低落，影响学习和工作，甚至引发身心疾病。因此，应该通过心理咨询，及时调整治疗。

3. 磋商对策

在倾诉心声、辨明问题的基础上，咨询师可以与你共同分析问题，探讨解决问题的对策。当一个人处于生活旋涡中时，其思路常常被堵塞，而咨询师作为旁观者，能帮你分析问题的起因，从而帮你正确认识面临的问题，也能为你提出一些合理化的建议。但心理咨询师绝不能武断地替来访者进行选择，而是要帮助来访者学会如何做出明智的选择，而当来访者学会如何做出明智选择的时候，其人格就得到了一次发展和完善的机会。

4. 平衡情绪，促进成长

学校心理咨询的性质属于发展性咨询，它主要帮助来访者解决在成长过程中产生的各种心理问题，而不是治疗精神疾病。帮助来访者平衡情绪是心理咨询的重要功能之一。心理咨询有助于来访者宣泄压抑情绪，辨明问题性质并探索解决问题的对策，这些对策都能使来访者的紧张情绪得到缓解，心态也随之得到平衡。

四、学生进行心理咨询时的注意事项

①学校心理咨询室的服务对象是本校全体学生，实行免费咨询。

②学校心理咨询室为来访者保守秘密，未经来访者同意，绝不向任何部门和个人泄露来访者的任何信息。

③心理咨询是一个持续的过程，并不是每一次咨询和辅导都能取得明显的效果或彻底解决问题，来访者须对心理咨询充满信心并有主动咨询的愿望，这是心理辅导获得成功的关键。

④心理咨询的辅导效果主要源于双方的信赖关系，因此任何成功的心理辅导都需要来访者与咨询老师直接进行交流，因此不可以代替别人咨询。

⑤来访者可通过预约来获得帮助。预约的途径有三种：

上门预约。有辅导咨询需要的同学可直接到学工部办公室（行政楼107室）进行预约。

电话预约。致电0797－8326436、8327336进行预约。

网上预约。可通过加QQ号2109139952或微信公众号进行预约，预约时请向辅导老师说明咨询的具体时间，我们将会及时安排相应的咨询时间。预约时间确定后请准时到达。如有特殊情况不能按时赴约，请提前告知我们。

⑥来访者来咨询时，应有诚意，并尊重咨询工作人员，不得无理取闹或纠缠。每次辅导时间以40～50分钟为一个单位。

⑦心理健康咨询中心在每周日至周四晚上19：30—21：15向全体学生开放。假如你不方便面对面咨询的话，也可以以书信的形式进行沟通，请将书信交至学工部办公室（行政楼107室）。

第七章　大学生道德品质

第一节　习近平新时代中国特色社会主义思想概述

党的十八大以来，我国取得历史性成就和历史性变革，中国特色社会主义进入了新时代，社会主要矛盾转化为人民日益增长的美好生活需要和不平衡不充分的发展之间的矛盾。

习近平新时代中国特色社会主义思想围绕新时代坚持和发展什么样的中国特色社会主义、怎样坚持和发展中国特色社会主义，提出了“八个明确”核心观点和“十四个坚持”基本方略。

习近平新时代中国特色社会主义思想的核心内容就是党的十九大报告概括的“八个明确”。

第一，明确坚持和发展中国特色社会主义，总任务是实现社会主义现代化和中华民族伟大复兴，在全面建成小康社会的基础上，分两步走在本世纪中叶建成富强民主文明和谐美丽的社会主义现代化强国。第二，明确新时代我国社会主要矛盾是人民日益增长的美好生活需要和不平衡不充分的发展之间的矛盾，必须坚持以人民为中心的发展思想，不断促进人的全面发展、全体人民共同富裕。第三，明确中国特色社会主义事业总体布局是“五位一体”、战略布局是“四个全面”，强调坚定道路自信、理论自信、制度自信、文化自信。第四，明确全面深化改革总目标是完善和发展中国特色社会主义制度、推进国家治理体系和治理能力现代化。第五，明确全面推进依法治国总目标是建设中国特色社会主义法治体系、建设社会主义法治国家。第六，明确党在新时代的强军目标是建设一支听党指挥、能打胜仗、作风优良的人民军队，把人民军队建设成为世界一流军队。第七，明确中国特色大国外交要推动构建新型国际关系，推动构建人类命运共同体。第八，明确中国特色社会主义最本质的特征是中国共产党领导，中国特色社会主义制度的最大优势是中国共产党领导，党是最高政治领导力量，提出新时代党的建设总要求，突出政治建设在党的建设中的重要地位。这“八个明确”，高度凝练、提纲挈领地点明了习近平新时代中国特色社会主义思想的主要内容，构成了系统完备、逻辑严密、内在统一的科学体系。

习近平新时代中国特色社会主义思想不但明确了新时代坚持和发展什么样的中国特色社会主义，也回答了新时代怎样坚持和发展中国特色社会主义，党的十九大报告将其概括为“十四个坚持”，即新时代中国特色社会主义基本方略。

坚持党对一切工作的领导。党政军民学，东西南北中，党是领导一切的。必须增强政治意识、大局意识、核心意识、看齐意识，自觉维护党中央权威和集中统一领导，自觉在思想上政治上行动上同党中央保持高度一致，完善坚持党的领导的体制机制，坚持稳中求进工作总基调，统筹推进“五位一体”总体布局，协调推进“四个全面”战略布局，提高党把方向、谋大局、定政策、促改革的能力和定力，确保党始终总揽全局、协调各方。

坚持以人民为中心。人民是历史的创造者，是决定党和国家前途命运的根本力量。必须坚持人民主体地位，坚持立党为公、执政为民，践行全心全意为人民服务的根本宗旨，把党的群众路线贯彻到治国理政全部活动之中，把人民对美好生活的向往作为奋斗目标，依靠人民创造历史伟业。

坚持全面深化改革。只有社会主义才能救中国，只有改革开放才能发展中国、发展社会主义、发展马克思主义。必须坚持和完善中国特色社会主义制度，不断推进国家治理体系和治理能力现代化，坚决破除一切不合时宜的思想观念和体制机制弊端，突破利益固化的藩篱，吸收人类文明有益成果，构建系统完备、科学规范、运行有效的制度体系，充分发挥我国社会主义制度优越性。

坚持新发展理念。发展是解决我国一切问题的基础和关键，发展必须是科学发展，必须坚定不移贯彻创新、协调、绿色、开放、共享的发展理念。必须坚持和完善我国社会主义基本经济制度和分配制度，毫不动摇巩固和发展公有制经济，毫不动摇鼓励、支持、引导非公有制经济发展，使市场在资源配置中起决定性作用，更好地发挥政府作用，推动新型工业化、信息化、城镇化、农业现代化同步发展，主动参与和推动经济全球化进程，发展更高层次的开放型经济，不断壮大我国经济实力和综合国力。

坚持人民当家作主。坚持党的领导、人民当家作主、依法治国有机统一是社会主义政治发展的必然要求。必须坚持中国特色社会主义政治发展道路，坚持和完善人民代表大会制度、中国共产党领导的多党合作和政治协商制度、民族区域自治制度、基层群众自治制度，巩固和发展最广泛的爱国统一战线，发展社会主义协商民主，健全民主制度，丰富民主形式，拓宽民主渠道，保证人民当家作主落实到国家政治生活和社会生活之中。

坚持全面依法治国。全面依法治国是中国特色社会主义的本质要求和重要保障。必须把党的领导贯彻落实到依法治国全过程和各方面，坚定不移走中国特色社会主义法治道路，完善以宪法为核心的中国特色社会主义法律体系，建设中国特色社会主义法治体系，建设社会主义法治国家，发展中国特色社会主义法治理论，坚持依法治国、依法执政、依法行政共同推进，坚持法治国家、法治政府、法治社会一体建设，坚持依法治国和以德治国相结合，依法治国和依规治党有机统一，深化司法体制改革，提高全民族法治素养和道德素质。

坚持社会主义核心价值体系。文化自信是一个国家、一个民族发展中更基本、更深沉、更持久的力量。必须坚持马克思主义，牢固树立共产主义远大理想和中国特色社会主义共同理想，培育和践行社会主义核心价值观，不断增强意识形态领域主导权和话语权，推动中华优秀传统文化创造性转化、创新性发展，继承革命文化，发展社会主义先进文化，不忘本来、吸收外来、面向未来，更好构筑中国精神、中国价值、中国力量，为人民提供精神指引。

坚持在发展中保障和改善民生。增进民生福祉是发展的根本目的。必须多谋民生之利、多解民生之忧，在发展中补齐民生短板、促进社会公平正义，在幼有所育、学有所教、劳有所得、病有所医、老有所养、住有所居、弱有所扶上不断取得新进展，深入开展脱贫攻坚，保证全体人民在共建共享发展中有更多获得感，不断促进人的全面发展、全体人民共同富裕。建设平安中国，加强和创新社会治理，维护社会和谐稳定，确保国家长治久安、人民安居乐业。

坚持人与自然和谐共生。建设生态文明是中华民族永续发展的千年大计。必须树立和践行绿水青山就是金山银山的理念，坚持节约资源和保护环境的基本国策，像对待生命一样对待生态环境，统筹山水林田湖草系统治理，实行最严格的生态环境保护制度，形成绿色发展方式和生活方式，坚定走生产发展、生活富裕、生态良好的文明发展道路，建设美丽中国，为人民创造良好生产生活环境，为全球生态安全做出贡献。

坚持总体国家安全观。统筹发展和安全，增强忧患意识，做到居安思危，是我们党治国理政的一个重大原则。必须坚持国家利益至上，以人民安全为宗旨，以政治安全为根本，统筹外部安全和内部安全、国土安全和国民安全、传统安全和非传统安全、自身安全和共同安全，完善国家安全制度体系，加强国家安全能力建设，坚决维护国家主权、安全、发展利益。

坚持党对人民军队的绝对领导。建设一支听党指挥、能打胜仗、作风优良的人民军队，是实现“两个一百年”奋斗目标、实现中华民族伟大复兴的战略支撑。必须全面贯彻党领导人民军队的一系列根本原则和制度，确立新时代党的强军思想在国防和军队建设中的指导地位，坚持政治建军、改革强军、科技兴军、依法治军，更加注重聚焦实战，更加注重创新驱动，更加注重体系建设，更加注重集约高效，更加注重军民融合，实现党在新时代的强军目标。

坚持“一国两制”和推进祖国统一。保持香港、澳门长期繁荣稳定，实现祖国完全统一，是实现中华民族伟大复兴的必然要求。必须把维护中央对香港、澳门特别行政区全面管治权和保障特别行政区高度自治权有机结合起来，确保“一国两制”方针不会变、不动摇，确保“一国两制”实践不变形、不走样。必须坚持一个中国原则，坚持“九二共识”，推动两岸关系和平发展，深化两岸经济合作和文化往来，推动两岸同胞共同反对一切分裂国家的活动，共同为实现中华民族伟大复兴而奋斗。

坚持推动构建人类命运共同体。中国人民的梦想同各国人民的梦想息息相通，实现中国梦离不开和平的国际环境和稳定的国际秩序。必须统筹国内国际两个大局，始终不渝走和平发展道路、奉行互利共赢的开放战略，坚持正确义利观，树立共同、综合、合作、可持续的新安全观，谋求开放创新、包容互惠的发展前景，促进和而不同、兼收并蓄的文明交流，构筑尊崇自然、绿色发展的生态体系，始终做世界和平的建设者、全球发展的贡献者、国际秩序的维护者。

坚持全面从严治党。勇于自我革命，从严管党治党，是我们党最鲜明的品格。必须以党章为根本遵循，把党的政治建设摆在首位，思想建党和制度治党同向发力，统筹推进党的各项建设，抓住“关键少数”，坚持“三严三实”，坚持民主集中制，严肃党内政治生活，严明党的纪律，强化党内监督，发展积极健康的党内政治文化，全面净化党内政治生态，坚决纠正各种不正之风，以零容忍态度惩治腐败，不断增强党自我净化、自我完善、自我革新、自我提高的能力，始终保持党同人民群众的血肉联系。

“八个明确”是指导思想层面的表述，重点讲的是怎么看，回答的是新时代坚持和发展什么样的中国特色社会主义的问题；“十四个坚持”是行动纲领层面的表述，重点讲的是怎么办，回答的是新时代怎样坚持和发展中国特色社会主义的问题。“八个明确”和“十四个坚持”体现了习近平新时代中国特色社会主义思想理论与实践的统一。

习近平新时代中国特色社会主义思想是马克思主义中国化最新成果，是中国特色社会主义理论体系的重要组成部分，是当代中国马克思主义、21 世纪马克思主义，是党和国家必须长期坚持并不断发展的指导思想，是全党全国人民为实现中华民族伟大复兴而奋斗的行动指南。

第二节　社会主义核心价值观

2012年11月，中共十八大报告明确提出“三个倡导”，即“倡导富强、民主、文明、和谐，倡导自由、平等、公正、法治，倡导爱国、敬业、诚信、友善，积极培育社会主义核心价值观”，这是对社会主义核心价值观的最新概括。2013年12月，中共中央办公厅印发《关于培育和践行社会主义核心价值观的意见》，明确提出，以“三个倡导”为基本内容的社会主义核心价值观，与中国特色社会主义发展要求相契合，与中华优秀传统文化和人类文明优秀成果相承接，是我们党凝聚全党全社会价值共识做出的重要论断。

富强、民主、文明、和谐是国家层面的价值要求，自由、平等、公正、法治是社会层面的价值要求，爱国、敬业、诚信、友善是公民层面的价值要求。这个概括，实际上回答了我们要建设什么样的国家、建设什么样的社会、培育什么样的公民的重大问题。

一、社会主义核心价值观的丰富内涵

核心价值观是社会核心价值体系基本理念的统一体，直接反映核心价值体系的本质规定性，贯穿于社会核心价值体系基本内容的各个方面。社会主义核心价值观是社会主义核心价值体系最深层的精神内核，是现阶段全国人民对社会主义核心价值观具体内容的最大公约数的表述，具有强大的感召力、凝聚力和引导力。党的十八大报告关于社会主义核心价值观的表述，对社会主义核心价值体系基本内容进行了凝练，是重要理论创新成果。

“富强、民主、文明、和谐”，是我国社会主义现代化国家的建设目标，也是从价值目标层面对社会主义核心价值观的凝练，在社会主义核心价值观中居于最高层次，对其他层次的价值理念具有统领作用。富强即国富民强，是社会主义现代化国家经济建设的应然状态，是中华民族梦寐以求的美好夙愿，也是国家繁荣昌盛、人民幸福安康的物质基础。民主是人类社会的美好诉求。我们追求的民主是人民民主，其实质和核心是人民当家作主。它是社会主义的生命，也是创造人民美好幸福生活的政治保障。文明是社会进步的重要标志，也是社会主义现代化国家的重要特征。它是社会主义现代化国家文化建设的应有状态，是对面向现代化、面向世界、面向未来的，民族的、科学的、大众的社会主义文化的概括，是实现中华民族伟大复兴的重要支撑。和谐是中国传统文化的基本理念，集中体现了幼有所育、学有所教、劳有所得、病有所医、老有所养、住有所居、弱有所扶的生动局面。它是社会主义现代化国家在社会建设领域的价值诉求，是经济社会和谐稳定、持续健康发展的重要保证。

“自由、平等、公正、法治”，是对美好社会的生动表述，也是从社会层面对社会主义核心价值观的凝练。它反映了中国特色社会主义的基本属性，是我们党矢志不渝、长期实践的核心价值理念。自由是指人的意志自由、存在和发展的自由，是人类社会的美好向往，也是马克思主义追求的社会价值目标。平等指的是公民在法律面前的一律平等，其价值取向是不断实现实质平等。它要求尊重和保障人权，人人依法享有平等参与和平等发展的权利。公正即社会公平和正义，它以人的解放与人的自由平等权利的获得为前提，是国家和社会的根本价值理念。法治是治国理政的基本方式，依法治国是社会主义民主政治的基本要求。它通过法制建设来维护和保障公民的根本利益，是实现自由平等、公平正义的制度保证。

“爱国、敬业、诚信、友善”，是公民的基本道德规范，是从个人行为层面对社会主义核心价值观的凝练。它覆盖社会道德生活的各个领域，是公民必须恪守的基本道德准则，也是评价公民道德行为选择的基本价值标准。爱国是基于个人对祖国依赖关系的深厚情感，也是调节个人与祖国关系的行为准则。它同社会主义紧密结合在一起，要求人们以振兴中华为己任，促进民族团结、维护祖国统一、自觉报效祖国。敬业是对公民职业行为准则的价值评价，要求公民忠于职守，克己奉公，服务人民，服务社会，充分体现了社会主义职业精神。诚信即诚实守信，是中华民族千百年传承下来的美德，也是社会主义道德建设的重点内容，它强调诚实劳动、信守承诺、诚恳待人。友善强调公民之间应互相尊重、互相关心、互相帮助，和睦友好，努力形成社会主义的新型人际关系。

面对世界范围内思想文化交流、交融、交锋形势下价值观较量的新态势，面对改革开放和发展社会主义市场经济条件下思想意识多元、多样、多变的新特点，积极培育和践行社会主义核心价值观，对于巩固马克思主义在意识形态领域的指导地位、巩固全党全国人民团结奋斗的共同思想基础，对于促进人的全面发展、引领社会全面进步，对于集聚全面建成小康社会、实现中华民族伟大复兴中国梦的强大正能量，具有重要现实意义和深远历史意义。

习近平同志指出，核心价值观是文化软实力的灵魂、文化软实力建设的重点。这是决定文化性质和方向的最深层次要素。一个国家的文化软实力，从根本上说，取决于其核心价值观的生命力、凝聚力、感召力。培育和弘扬核心价值观，有效整合社会意识，是社会系统得以正常运转、社会秩序得以有效维护的重要途径，也是国家治理体系和治理能力的重要方面。历史和现实都表明，构建具有强大感召力的核心价值观，关系社会和谐稳定，关系国家长治久安。应该把培育和弘扬社会主义核心价值观作为凝魂聚气、强基固本的基础工程。

二、大学生与社会主义核心价值观

习近平同志指出，青年的价值取向决定了未来整个社会的价值取向，而青年处在价值观形成和确立的时期，抓好这一时期的价值观养成十分重要。这就像穿衣服扣扣子一样，如果第一粒扣子扣错了，剩余的扣子就都会扣错。人生的扣子从一开始就要扣好。“凿井者，起于三寸之坎，以就万仞之深。”青年要从现在做起、从自己做起，使社会主义核心价值观成为自己遵循的基本原则，身体力行并大力将其推广到全社会去。

广大青年树立和培育社会主义核心价值观，要在以下几个方面下功夫。

一是要勤学，下得苦功夫，求得真学问。知识是树立核心价值观的重要基础。古希腊哲学家说：“知识即美德”。我国古人说：“非学无以广才，非志无以成学。”大学的青春时光，人生只有一次，应该好好珍惜。为学之要贵在勤奋，贵在钻研，贵在有恒。鲁迅先生说过：“哪里有天才？我是把别人喝咖啡的工夫都用在工作上的。”大学阶段，“恰同学少年，风华正茂”，有老师指点，有同学切磋，有浩瀚的书籍引路，可以心无旁骛地求知问学。此时不努力，更待何时？要勤于学习，敏于求知，注重把所学知识内化于心，形成自己的见解，既要专攻博览，又要关心国家，关心人民，关心世界，学会担当社会责任。

二是要修德，加强道德修养，注重道德实践。“德者，本也。”蔡元培先生说过：“若无德，则虽体魄智力发达，适足助其为恶。”道德之于个人、之于社会，都具有基础性意义，做人做事第一位的是崇德修身。这就是为什么我们的用人标准是德才兼备、以德为先，因为德是首要、是方向，一个人只有明大德、守公德、严私德，方能用得其所。修德，既要立意高远，又要立足平实。要立志报效祖国、服务人民，这是大德，养大德者方可成大业。同时，还得从做好小事、管好小节开始起步，“见善则迁，有过则改”，踏踏实实修好公德、私德，学会劳动，学会勤俭；学会感恩，学会助人；学会谦让，学会宽容；学会自省，学会自律。

三是要明辨，善于明辨是非，善于决断选择。“学而不思则罔，思而不学则殆。”是非明，方向清，路子正，人们付出的辛劳才能结出果实。面对世界深刻而复杂的变化，面对信息时代各种思潮的相互激荡，面对纷繁多变、鱼龙混杂、泥沙俱下的社会现象，面对学业、情感、职业选择等多方面的考量，一时有些疑惑、彷徨、失落，是正常的人生经历。关键是要学会思考，善于分析，正确抉择，做到稳重自持、从容自信、坚定自励。要树立正确的世界观、人生观、价值观，掌握了这把总钥匙，再来看看社会万象和人生历程，对于一切是非、正误、主次，一切真假、善恶、美丑，自然就洞若观火、清澈明了，自然就能做出正确判断和选择。正所谓“千淘万漉虽辛苦，吹尽狂沙始到金”。

四是要笃实，扎扎实实干事，踏踏实实做人。道不可坐论，德不能空谈。于实处用力，从知行合一上下功夫，核心价值观才能内化为人们的精神追求，外化为人们的自觉行动。《礼记》中说："博学之，审问之，慎思之，明辨之，笃行之。"有人说："圣人是肯下工夫的庸人，庸人是不肯下工夫的圣人。"青年有着大好机遇，关键是要迈稳步子、夯实根基、久久为功。心浮气躁，朝三暮四，学一门丢一门，干一行弃一行，这无论对于为学还是对于创业，都是最忌讳的。"天下难事，必作于易；天下大事，必作于细。"成功的背后，永远是艰辛努力。青年要把艰苦环境作为磨炼自己的机遇，把小事当作大事干，一步一个脚印往前走。滴水可以穿石。只要坚韧不拔、百折不挠，成功就一定在前方等你。

核心价值观的养成绝非一日之功，要坚持由易到难、由近及远，努力把核心价值观的要求变成日常的行为准则，进而形成自觉奉行的信念理念。不要顺利的时候，看山是山、看水是水，而一遇到挫折，就怀疑动摇，看山不是山、看水不是水了。无论什么时候，我们都要坚守在中国大地上形成和发展起来的社会主义核心价值观，在时代大潮中建功立业，成就自己的宝贵人生。

三、"中国梦"与社会主义核心价值观

党的十八大提出"三个倡导"，培育和践行社会主义核心价值观。这是新形势下深入推进社会主义核心价值体系建设的新要求。习近平同志关于中国梦的论述，指明了中国特色社会主义的前进方向和奋斗目标，描绘了人民幸福、国家富强、民族复兴的美好蓝图，在全社会引起强烈反响。培育和践行社会主义核心价值观，对于实现中国梦具有特殊而重要的现实意义，二者有着密不可分的内在联系，并有机统一于中国特色社会主义实践。

1. 社会主义核心价值观构成中国梦不可或缺的价值内核

实现中华民族伟大复兴的中国梦，既要有强大的硬实力，包括政治、经济、科技、军事等，同时也离不开思想、文化、价值观等软实力。这其中，价值观又是软实力建设的重中之重。无论从历史还是现实的角度看，凡是在世界民族之林拥有一席之地的民族，必定在思想文化上既对内部具有强大的渗透力、感召力，同时也对外界有着较强的辐射力、影响力。

历史和现实已雄辩地证明，中国特色社会主义是实现中国梦的必由之路。社会主义核心价值体系是社会主义先进文化的精髓，决定着中国特色社会主义的发展方向。社会主义核心价值观是社会主义核心价值体系的最凝练体现，是中国特色社会主义在思想文化上的最鲜明标记，因而构成中国梦不可或缺的价值内核。培育和践行社会主义核心价值观，是深入推进社会主义核心价值体系建设的新要求，和实现中华民族伟大复兴的根

本要求是完全一致的。

2. **实现中国梦离不开社会主义核心价值观的思想保证**

任何远大理想的实现都不是一朝一夕的事情。实现中华民族伟大复兴的中国梦，注定是一个长期而艰难的过程。在此过程中，必将遭遇一个又一个难以预料的困难和挑战，需要一代又一代中国人付出辛勤劳动。在当前和今后相当长的时期内，要动员、激励全体中华儿女为实现中国梦而持续团结奋斗，尤其离不开强大思想保证和坚实精神支撑。

核心价值观鲜明体现了一个社会主导性的价值准则，以及该社会所追求的价值理想，能最大限度整合各利益相关者及行为主体的积极性、主动性、创造性，发挥激励其为实现远大理想而团结奋斗的作用，因而构成一个民族、一个国家发展进步须臾不可缺失的精神支柱。社会主义核心价值观是中国特色社会主义所应体现的基本价值理念，把中国梦的远大理想转化为具体价值追求，把个体和集体、整体的利益追求更好地联结起来，更加明确了不同社会阶层、群体、个体的价值目标，为治国理政树立了应遵行的价值准则，同时对提升公民个体的文明素质提出了更高要求，凝聚了国家、社会、个人不同层面的价值认识。可以说，社会主义核心价值观是当前我国社会价值观的“最大公约数”，能够引领整合多样化社会思想意识，激发广大人民群众投身改革开放事业、实现中国梦的积极性、主动性、创造性，对促进经济持续健康发展与社会和谐稳定、实现中华民族伟大复兴发挥重要的保证和支撑作用。

3. **中国梦从理想变成现实的过程也是社会主义核心价值观一步步落地生根的过程**

中国梦可以说凝聚了近代以来无数中华儿女的夙愿，集中体现了中华民族和中国人民的整体利益、根本利益，是民族、国家的整体利益与个人利益的统一。中国梦从理想一步步变为现实的过程，也是社会主义核心价值观逐渐深入人们的生活，深入人们的头脑、心灵，进而转化为推动经济社会发展新实践的过程。

思想是人的思想。只有被人内化于心并外化于行的思想，才会具有恒久生命力。任何思想都非凭空而来，不会轻易在人的头脑和心灵扎根。实践是最有说服力的教科书。社会主义核心价值观的最大说服力来自夺取中国特色社会主义新胜利、实现中国梦的生动实践。社会主义核心价值观所倡导的价值理念，在为中国梦提供精神支撑的同时，也将逐步彰显强大生命力，触及人们的灵魂深处，使人们更自觉地认同和遵循，进而转化为更积极追求幸福生活的行动。

4. **培育和践行社会主义核心价值观要与实现中国梦有机融合、同步推进**

实现中华民族伟大复兴的中国梦，只有在中国特色社会主义建设不断取得新成果的过程中才会越来越接近。坚持“三个倡导”，培育和践行社会主义核心价值观，本身并非最终目的，而是夺取中国特色社会主义新胜利的必然要求。在当前和今后一个时期内，培育和践行社会主义核心价值观，要与实现中国梦紧紧联系起来，从团结、动员干部群众为实现中国梦而奋斗的高度来谋划、来推动。

要着力在“做什么”上下功夫。中国梦这个中华儿女共同的宏伟梦想，实际上联结着无数中国人平凡而真实的“小梦”。实现中国梦，需要团结和动员不同阶层、不同利益群体的人们做好大量艰苦细致的工作。社会主义核心价值观应上升为国家层面的要求，成为制定法律法规、制度设计、决策部署及实施公共管理的价值准则，体现于经济社会各方面政策措施及其实践之中，这方面可做的还很多。

还要着力在“怎么说”上下功夫。人是价值的主体，是先进价值观的承载者、体现者。要使社会主义核心价值观得到人们的思想认知、情感认同，除了做好常规的理论宣讲、思想教育，还应重视发挥文以载道、文以释道、文以传道的优势，多做“以文化人”的隐形、软性教育。聚焦社会主义核心价值观在社会发展进程及个体命运变迁等方面发挥作用的典型事例，善于用艺术的形式把深刻的大道理和贴近百姓的小道理结合起来讲述好、传播好，使人们在得到审美享受的同时感受到真理的魅力，更加增强对社会主义核心价值观的认同。

第三节 中华民族优良道德传统

中华民族自古就被称为“礼仪之邦”，五千多年悠久的历史创造出了无数光辉灿烂的文化，而注重人生、长于伦理一直是中国传统文化的基本价值取向之一，以儒家思想为主体的中国传统文化长期主宰着中国社会生活的方方面面。因此，中华民族优良道德传统一般是指以儒家伦理道德为主要内容，并包含道家、墨家、法家等诸子百家伦理道德思想的精华。

中华民族的优良道德传统源远流长，内容丰富，如“夙夜在公”“以国家之务为己任”“天下兴亡，匹夫有责”的奉献精神，“杀身成仁”“舍生取义”的道德气节追求，“富贵不能淫，贫贱不能移，威武不能屈”的人格操守，“己所不欲，勿施于人”“老吾老以及人之老，幼吾幼以及人之幼”的待人处事原则，“克已”“内省”“养心”“慎独”的道德品质要求，等等。中华民族传统美德是社会主义精神文明的重要源泉和内容，社会主义精神文明建设的许多方面都可以从我国优良的道德传统中找到渊源。无论时代怎样变迁，这种文化内核都会在无形之中发挥着坐标和导向作用，具有巨大的时代价值。

一、中华民族优良道德传统的主要内容

1. 注重整体利益、国家利益和民族利益，强调对社会、民族、国家的责任意识和奉献精神

公私之辨是中国传统道德发展的一条主线，在公私之辨中，其主导性观念是把“公义胜私欲”作为道德的根本要求，乃至把“公义”作为最高的道德标准，主张克己奉公。这种道德观念在我国古代历史典籍文献中多有体现。《诗经》曰：“夙夜在公。”《尚书》曰：“以公灭私，民其允怀。”西汉贾谊《战国策》曰：“国而忘家，公而忘私。”宋代范仲淹《岳阳楼记》曰：“先天下之忧而忧，后天下之乐而乐。”当“义”和“利”发生冲突时，我国古代思想家强调“义以为上”“先义后利”“见利思义”，主张“义然后取”，反对“重利轻义”“见利忘义”。这些思想在中华民族的历史发展中起到了积极而重要的作用，对于当前提高我国公民的道德水平仍具有重要意义。

2. 推崇“仁爱”原则，追求人际和谐

中国传统伦理思想一贯强调尊重人的尊严和价值。崇尚仁爱原则，主张“仁者爱人”。强调要“推己及人”，关心他人。孔子主张“己所不欲，勿施于人”和“己欲立而立人，己欲达而达人”，要求在人际交往中设身处地为对方考虑，凡是自己不愿意接受的事情，也不要施加于别人；自己希望达成的事情，也要允许和帮助别人达成。孟子主张“老吾老以及人之老，幼吾幼以及人之幼”和“亲亲而仁民，仁民而爱物”。从仁爱精神出发，我国古人一贯主张“和为贵”，提出了“亲仁善邻，国之宝也”的思想，强调社会和谐，讲求和睦相处，倡导互助团结，追求天人和谐，人际和谐，身心和谐。

3. 讲求谦敬礼让，强调克骄防矜

中国是礼仪之邦，谦敬礼让是优良的传统美德。在中国传统道德中，谦敬既是个人自身修养的要求，也是为人处世的原则。谦即自谦，虚以处己；敬即敬人，以礼待人。谦敬与礼相提并论，成为修己处世的基本规范。在这一行为规范中，“谦”是基点，“礼”是路径，“礼”处于关键地位，发挥着保障作用。中国传统道德认为，礼是人与动物相区别的标志，“凡人之所以为人者，礼义也”。礼也是人的立身之本和人格高低的标准。这正如孔子所说：“不学礼，无以立。”

4. 倡导言行一致，强调恪守诚信

在中国古人看来，诚是一种真实无妄、表里如一的品格，也是道德的根本，所以人们追求“养心莫善于诚”。信是一种诚实不欺、言行一致的品格。孔子说过“人而无信，不知其可也”，而且认为“民无信不立”。孟子则进一步将信提升到个体自我意识的层面，提出“有诸己之谓信”，认为信意味着自我尊重、自我肯定，因而，体现了个体生命存在的内在意义与价值。中国传统道德认为，诚信的内容和要求是多方面的，但是最基本的是做到以诚为本，取信于人，“与朋友交，言而有信”，诚信之德在于言必

信，行必果，言行一致，表里如一，讲究信用，遵守诺言。

5. 追求精神境界，把道德理想的实现看作是一种高层次的需要

中国传统道德认为，人之所以不同于动物，在于人有道德。因而，人除了有物质需要外，还有精神需要，而一切精神需要中最为重要的是道德需要。儒家传统伦理道德认为，为学的目的是通过“改变素质”“化育气质”，达到“成圣”“成贤”的道德境界，把道德人格养成视作为人为学的根本宗旨。古人所说的“太上有立德，其次有立言，其次有立功，虽久不废，此之谓三不朽”，即认为人生在世虽不免一死，但有三种成就可以在人们心中长存不朽，其中最不朽的成就便是个人的高尚品德。中国历史上的英雄豪杰、志士仁人，往往为了达到理想人格而不惜牺牲自己的一切，甚至献出生命也无怨无悔。

6. 重视道德践履，强调修养的重要性，倡导道德主体要在完善自身中发挥自己的能动作用

重视修养践履，用我们现在的话来说，就是强调个体在道德修养中能够积极实践、以身体道。中国历史上的儒、道、墨、法各家都认为，在树立起崇高的道德理想和信念之后，最重要的是要奋发志气，积极行动，垂范践履，达到成就道德人格的目的。在追求道德的理想境界和成就道德人格的过程中，中国传统道德非常强调善学、慎思、内省、律己的功夫。孔子说：“见贤思齐，见不贤而内自省。”孔子的学生曾参说：“吾日三省吾身，为人谋而不忠乎？与朋友交而不信乎？传不习乎？”强调每天都要对自己的思想进行反省检查，以求在道德上能够不断地进步。在传统道德看来，这种个体道德的完善是国家社会的根本，它不仅是个体的修养问题，而且是对国家和社会的责任与义务。因此，需强调“内圣外王”之道，推崇“修齐治平”之志。

二、中华民族优良道德传统的时代价值

（一）优良道德传统对社会公德建设的价值

2001 年 10 月中共中央印发的《公民道德建设实施纲要》中指出：“社会公德是全体公民在社会交往和公共生活中应该遵循的行为准则，涵盖了人与人、人与社会、人与自然之间的关系。”它对社会风气的好坏起着最直接的影响与制约作用。我国社会转型期的公德建设关系到社会主义市场经济的持续快速健康发展，关系到社会主义精神文明建设的系统完善，因此，全社会应承担起促进我国社会公德规范体系形成的责任，但这需要从多个层面去努力。中国传统文化向来强调“家国同构”，因此，孟子讲的仁、义、礼、智“四端”以及董仲舒提出的仁、义、礼、智、信“五常德”的理论，都含有基本的公德规范在内，这些规范只要剔除糟粕，经过加工改造，对当今社会的公德建设无疑有着重要的现实启迪作用。

就爱国而言，在当今社会，尽管每个普通公民与国家的利益关系相对于计划经济时代有很大的不同，每个人在社会经济利益格局中的地位也会不断地调整变化，但每个人所负有的维护国家尊严、统一和声誉的义务是永远不会改变和不可推卸的。古人“临患不忘国，忠也；图国忘死，贞也”的古训，近代梁启超“以国事为己事，以国权为己权，以国耻为己耻，以国荣为己荣”的主张，等等，都是我们引以为豪的光荣传统。就团结友善而言，这是我们待人乃至于对待其他动物和自然界必须遵守的道德信条。我国古代贤哲历来主张以“仁爱”“友善”待人。孔子曰：“君子成人之美，不成人之恶。”孟子也说：“取诸人以为善，是与人为善者也。故君子莫大乎与人为善。”孔孟的“与人为善、成人之美”的思想是以“仁爱”为基础的。在当今社会，尽管人与人之间的竞争加剧，利益矛盾频生，但与人为善、助人为乐的人道主义精神，仍然是我们处理人际关系的基本原则，也是我国实现社会安定、民风美善的精神力量。中国传统伦理道德思想对当代公德建设的价值启迪，从道德修养方面来讲，还体现在诸如“慎独”境界的追求和敬畏之心的培养等方面，《中庸》曰：“君子戒慎乎其所不睹，恐惧乎其所不闻。莫见乎隐、莫显乎微，故君子慎其独也。”正因为如此，在中国古代有极多的诸如元代哲人许衡不食无主之梨的道德佳话流传。在我们的公德建设中，“慎独”境界之所以重要，是因为公共生活通常是与众多陌生人相处，因此公德最需要人们有高度的自觉性去维护。

（二）优良道德传统对职业道德建设的价值

中国古代伦理道德思想中关于职业道德的遗产是非常丰富的。《尚书》中记载了官吏的道德规范，“宽而栗、柔而立、愿而恭、乱而敬、扰而毅、直而温、简而廉、刚而塞、强而义”。《孙子兵法》中对军人有如下的规定：“将者，智、信、仁、勇、严。”对医法的记载，有从《黄帝内经》中“疏五过”“征四失”到扁鹊“随俗而变”的高尚医德，这都表明我国古代职业道德思想的产生几乎和社会分工的出现一样源远流长。

中国传统伦理道德对当前职业道德建设的现代启迪，首先表现在以儒家伦理道德思想为主干的传统伦理的“义利合一”这一基本原则的现代意义上。职业道德与职业的功利行为直接相关，因而如何在职业谋利行为中遵守基本的道义原则，使谋利行为与道义行为达到内在的统一，是职业道德建设中必须正确处理好的关系之一。在这个问题上，儒家的传统道德历来主张义利合一的基本原则：见利思义，不谋不义之财。孔子所说的“不义而富且贵，于我如浮云”就意在于此。当义与利发生冲突时，自觉遵守义大于利的原则，必要时做到“舍利取义”甚至“舍生取义”。

这些思想对于我们确立市场经济条件下的正确义利观，对于改变某些领域里唯利是图的不良倾向，有着极富针对性的启迪作用。传统道德对职业道德的价值，还体现在许多具体的职业道德规范中。比如为政者的职业道德，孔子就说过：“政者，正也，子帅以正，孰敢不正。”这一思想对今天为政者形成正直、清廉、刚正、公正的职业道德无疑有重要意义。又如教师的职业道德，韩愈在《师说》中把师德概括为“传道”“授业”“解惑”三个基本规范，这对今天的师德建设有启迪意义。还如医生的职业道德，古代医学著作中有不少内容，“凡为医者，性存温雅、志必谦恭、动须礼节、举乃和亲、无自妄尊、不可矫饰”以及“疾小不可云大，事易不可云难，贫富用心皆一，贵贱用药无别”等等，这些对今天的医德建设显然有着借鉴意义。

（三）优良道德传统对家庭道德建设的价值

家庭美德是一定社会或阶级根据其总的道德要求所制定的，是调节人们在家庭生活方面的关系和行为的道德准则。家庭是社会的细胞，家庭稳定与否直接关系到社会的稳定，家庭道德反映出一定阶级社会的整体道德水准。随着市场经济的发展，家庭道德也出现了一些新问题：家庭暴力、离婚率上升，虐待老人儿童，重婚现象增多等。这些不道德的行为破坏了家庭婚姻关系，危害了社会稳定，因此，需要对公民进行家庭美德教育。

当今社会的家庭道德建设主要是从当今社会生活的需求出发，但是对传统家庭美德的继承和发扬仍然值得注重，它们对今天的家庭道德建设的意义是多方面的。中国传统道德强调个人在人伦关系中应尽的道德责任，从《尚书》中最早提出“五教”（父义、母慈、兄友、弟恭、子孝），到孟子提出“父子有亲、君臣有义、夫妇有别、长幼有序、朋友有信”的人伦关系，再到《礼记》中所强调的“十义”，即所谓“父慈、子孝、兄良、弟悌、大义、妇贞、长惠、幼顺、君仁、臣忠”，从不同方面规定了封建社会中最基本的人伦要求，尽管其中不乏糟粕，但从总体上来看，其主旨无疑对指导人们正确处理与其他社会成员、家庭成员的相互关系有着积极的指导意义。“慈孝”的道德规范在去除了“父为子纲”和“不孝有三，无后为大”等封建因素后，如今可以启迪父母在对子女抚养和教育时既要有关爱之心，又要遵循爱而不溺的原则。作为子女，无论从家庭还是从社会的角度都应当把孝敬和赡养老人当作义不容辞的义务。孟子曰：“亲，仁也；敬长，义也。”即此道理。传统道德“贞”的道德规范可以启迪夫妇双方在性道德上履行忠诚、忠贞的道德义务；“敬”的道德规范在扬弃了礼教成分后，如今则可要求在家庭成员中确立一种彼此平等、相互尊重、宽容和信任的基本道德规范；“佛”的道德规范在去除了“以长为尊”的不平等因素后，有利于在我们今天家庭的兄弟姐妹中形成彼此敬重、相互关爱的道德情感氛围。因此，将传统美德中的精华之处借鉴、吸收和应用于现代社会家庭，必将能形成良好的家庭道德关系。

可以肯定地说，中华民族优良的道德传统对于加强德行修养、充实自我心性以及为我国现代化的实现提供精神和德行方面的保障等，都有着深远的意义。所以，合理地继承和发扬中华民族优秀传统伦理道德将对中国特色社会主义现代化建设起着积极的促进作用。

第四节　我国公民道德基本规范

中共中央《公民道德建设实施纲要》提出了“爱国守法、明礼诚信、团结友善、勤俭自强、敬业奉献”二十字的公民道德基本规范。它不仅体现了道德的先进性与道德的广泛性的统一，还体现了中国传统美德、革命道德和社会主义市场经济条件下产生的新道德的统一。

一、公民道德基本规范的主要内容

“爱国守法”是公民对国家的最首要的道德义务。公民应当热爱国家、建设国家、保卫国家，维护国家的尊严，保守国家的机密，敢于同一切危害国家利益和安全的行为进行斗争，把对国家的一切义务和责任看成自己的天职。“守法”是公民道德的最低层次的要求。公民应当维护法律确定的最基本的政治秩序和社会秩序，尽法律所规定的一个公民应尽的义务。同时，“爱国主义”体现了社会主义集体主义原则，公民通过爱国守法去实践集体主义的道德要求。

“明礼诚信”是公民如何待人的道德规范。在我国，无论在何种场合，无论从事什么样的活动，公民彼此都应该讲文明、讲礼貌、讲诚实、讲信用。我国自古以礼仪之邦著称于世。在改革开放的条件下，特别是我国加入 WTO 之后，国际交往日益增多，公民能否明礼，关系到世界对我们国家的形象和文明程度的评价，因此，“明礼”具有特别重要的现实意义，“诚信”是人与人之间交往关系中最基本的道德要求。它是公民道德人格中的基本要素之一。在经济活动中要诚信，杜绝假冒伪劣、坑蒙拐骗；在日常生活中也要信守诺言，忠诚待人。

“团结友善”是公民与公民之间应当如何相处的基本规范。每一个公民，不论民族、年龄、职业，都是中华民族这个大家庭中的一员。公民之间应该彼此团结，相互友爱，建立起一种和睦亲爱的关系。在现实中，对他人友善的人也必然会得到他人的友善相待。团结是力量的源泉。能否团结、友善，关系到一个人的前途和幸福，也关系到民族的兴旺、国家的兴衰。要做到团结友善，就必须怀着友好的愿望，抱着彼此平等的心理相互对待，就必须对己严、对人宽，就必须将心比心，“己所不欲，勿施于人”。当然，团结友善必须是在正义原则之下的团结友善。

“勤俭自强”是公民对待生活、对待自身的道德规范。作为一个公民，有劳动的权利和义务，应当懂得没有勤奋就不会有社会财富的道理，推崇勤劳，反对懒惰和游手好闲。公民还应该厉行节约，反对奢侈浪费和享乐主义的生活方式。在现实生活中，公民应当自强不息，不断进取，保持一种健康向上的精神风貌，凡事尽量依靠自己而不依赖他人。

“敬业奉献”是公民对待职业活动的道德规范。每一个公民都要从事一定的职业，职业是公民与社会联系的重要方式和途径。对待职业或事业要严肃认真，一丝不苟，精益求精，为国家、为社会、为他人做出贡献。

二、公民道德基本规范的功能与作用

《公民道德建设实施纲要》虽将我国公民道德的基本规范表述为五句话、二十个字，但实际上概括的是十个道德规范，即每一句话由两个规范组成，分解开来看，就成为：爱国、守法、明礼、诚信、团结、友善、勤俭、自强、敬业、奉献。

这十个公民道德规范，在调整公民个人与社会、与国家、与他人的关系中，各有不尽相同的功能。大致说来，可以对这些功能和作用进行这样的认识与划分：“爱国”主要是规范公民与国家的关系；“守法”是“爱国”规范的延伸，主要是规范公民与国家的关系，即把“守法”作为公民对国家的道德责任的底线；“明礼”主要是规范公民在公共场合的公共道德行为，文明礼貌是公民在公共场合应当遵守的最基础的道德准则；“诚信”主要也是规范公共关系中的道德行为，是对“明礼”规范的进一步深化和升华，即古人所说的“礼于外，诚于内”；“团结”主要是规范公民与公民之间的道德关系，强调公民之间的亲和力；“友善”与“团结”是同一层次的道德规范，功能也是相类似的，但更加注重公民之间的亲善关系；“勤俭”主要是对公民个人提出来的道德要求，勤俭的道德素质更多地在公民个人的行为中表现出来；“自强”主要也是对公民个人道德素质提出的要求，与“勤俭”是同一层次的道德准则；“敬业”主要是规范公民与职业的道德关系；“奉献”主要是规范公民与社会的道德关系，并引申出公民对待他人的道德责任。

对这十个公民道德规范功能的划分和认识，只是从基本的方面着眼的，在实际的公民道德实践中，各个公民道德规范的功能和作用往往并不是彼此隔离、割裂的，而是互相渗透、交叉并行的，因此，对公民道德规范的具体功能和作用不应进行绝对化的隔离与划分，而是要在明确它们各自主要的功能和作用的同时，结合实际情况对它们的延伸功能和作用进行具体分析。

我国公民道德建设的重点工程，是在全社会大力倡导这十个基本道德规范；在对十个基本道德规范的倡导中，又必须把“爱国”规范放到重中之重的位置上来。自1840年第一次鸦片战争以来，中国人民革命奋斗的首要目标，就是要从帝国主义列强手中夺回几乎丧失殆尽的民族的独立和自主权，赢回中华民族的尊严和利益。没有中华民族的独立，便没有中华民族的一切。

“爱国”规范具有的这种特殊重要性，使得“爱国”成为中国公民最重要的道德规范和最重要的道德品质。因此，在加强公民道德建设的全过程中，需要紧密联系国际和国内的形势，突出强调“爱国”规范的重要意义和深刻内涵，使“爱祖国”成为时代的主旋律和最强音，进一步增强中华民族的凝聚力，“使全体人民始终保持昂扬向上的精神状态”。

第五节　大学生日常行为规范

高等院校是为国家培养高层次人才的场所，是建设社会主义精神文明的重要阵地，大学生应当成为全社会讲文明、讲礼貌的楷模。遵守《大学生日常行为规范》不仅有助于促进良好校风的形成，而且有利于青年学生优良品德的培养。

一、校园日常规范

①学生平时要注意仪表整洁、举止有礼。师生见面，应主动打招呼行礼，例如主动说“老师好”“您好”。同学之间，每天初次见面，也要以礼相待，相互问好。

②行走时，要注意姿势，遵守规则，同老师相遇，应让老师先行。遇到年老体弱的教师在做较重的体力劳动时，应主动帮忙。

③进办公室应先敲门或打招呼，经老师允许后方可入内。进办公室不要随便翻阅办公桌上的东西。如果需要翻看有关书刊，应先征得教师或办公室工作人员的同意。

④要爱护公共财物，爱护学校的一草一木，不折花，不践踏草坪，自觉维护校园绿化、美化、香化、净化。

⑤追求健康的业余文化生活，不得介绍、购买、出借、传阅内容反动和淫秽的书刊、图片、音像制品等。遵守校园网络的有关规定，文明上网。

⑥保持校内环境的安静，不在宿舍区和教学、科研、办公区内进行影响师生工作、学习和休息的体育、文娱活动，午休、晚自习和上课时间不得在教室或宿舍举办舞会等。

⑦要珍惜学校的荣誉，不做有损学校荣誉的事，毕业离校时，要为母校留下珍贵的纪念。在校学生要爱护校友毕业前留下的纪念标志。

⑧在上课铃响之前，学生应先进教室，做好准备，静候老师前来上课。若迟到，应在教室外向老师行礼报告，得到任课老师的允许后方可进入教室。教师宣布上课，同学全部起立，行注目礼。上课要专心听讲，不做与课堂无关的事。若对老师讲授的内容有疑问，不要随便打断老师的讲课，可先将疑点记录下来，待老师讲授告一段落后，再举手提问，亦可在课后或辅导课上向老师请教。

⑨上课时应保持仪容整洁，衣着大方，夏天不得穿背心、三角裤头、拖鞋等进入教室。

⑩对课堂教具、设备、墙壁、门窗等须倍加爱护，不要随便移动教具，不得污染墙壁或损毁门窗。在教室里要爱护照明设备，节约用电，离开教室时应随手关灯。

⑪教室内外要保持清洁，不得随地吐痰或乱扔纸屑、果皮等杂物。

⑫上、下课时，走动、移动桌椅动作要轻，避免因发出嘈杂声而影响其他班级学习。

二、图书馆行为规范

①在图书馆开放时要有秩序地进馆，夏天不准穿背心、三角裤头、拖鞋等进阅览室，如果穿硬底钉有鞋掌的皮鞋入室时，要尽量放轻脚步，以免影响他人。

②借阅图书时不要乱翻乱扔，应保持原有的摆放顺序。

③不要替他人代占座位，也不要强占暂时离开的读者的座位。对于阅览室里的书刊，阅后应及时插入原处，不要一人同时占用几本杂志，以免妨碍其他同学借阅。

④不在图书杂志上乱写乱画，更不得拆撕书刊。

三、会场行为规范

①准时参加会议，不迟到，不无故缺席。

②自觉维护会场秩序，服从会议统一指挥，遵守会场纪律，尊重讲话人、报告人的劳动，不做与会议无关的事情。

③爱护公共设施，保持会场清洁卫生，不吃带果壳食物，不随地吐痰和口香糖，不乱扔废弃物。

④因故迟到或中途出场时动作要轻，不弄响桌椅，以免影响他人。

⑤散会时，有秩序地离开会场，不要抢先、拥挤，避免造成混乱和意外事故。

四、食堂行为规范

①就餐者要遵守食堂就餐时间，要自觉排队，不得插队和拥挤。

②就餐时不要将脚跷在凳子上，不准在桌凳上乱写乱画，要讲究卫生，保持食堂清洁。要爱惜粮食，吃剩的饭菜须倒入泔水缸，不得随便乱倒。不要将饭菜端回宿舍用餐。

③尊重老师，不在教工窗口排队，不到教工餐厅用餐。

④学生要尊重工人的劳动，平时见到工人要热情地招呼，要配合和协助工人师傅做好食堂工作。

五、宿舍日常规范

①自觉遵守宿舍管理各项规章制度，服从管理，主动配合有关人员的检查。遇到停水停电等突发事件时要保持安静和冷静，通过向学生干部或管理人员、值班人员进行反馈，及时解决问题，严禁起哄滋事，严防发生意外。

②宿舍内要加强团结，互相关心，互相爱护，互相帮助，相邻宿舍的同学要互相尊重、友好交往。

③遵守作息制度，按时起身，按时就寝，晚间迟归宿舍要主动进行登记。在自习或别人休息时，动作要轻，打电话时要节约时间、控制音量。不得在宿舍区喧哗、打闹，不得放大录音机、收音机的音量，严禁偷听敌台，严禁阅读黄色书刊或观看淫秽音像制品。

④宿舍里要注意语言美，不讲脏话、粗话。严禁将易燃、易爆的物品带回宿舍，宿舍内严禁烧酒精炉、煤油炉、点蜡烛，严禁使用电炉、电烙铁等电热设备，严禁私接电源。不准自行留客住宿。不得抽烟、酗酒。

⑤增强自我防范意识，提高警惕，防火防盗。休息或外出时要关锁好门窗，玻璃坏了要及时报修。发现可疑人员要立即询问、报告，确保宿舍区安全而有秩序。

⑥注意公共卫生和宿舍卫生，起身后要及时叠好被子，注意床上整洁，床下鞋子要放整齐。不要随地吐痰或随地小便，不要乱抛果皮纸屑，更不得将剩饭菜、瓜果皮壳倒在水池里、室内外、走廊里，垃圾一律倒入垃圾篓并正确分类投放。宿舍卫生值周工作要正常。

六、待人接物规范

①遇见他人写信或阅读信件，不要偷看或强行拆阅，不要随便打听来信的对象和内容，不要私拆他人信件。

②代传他人的书信要原封不动地转交，不要因集邮等原因而损毁他人的邮件。

③有客人敲门或打招呼问讯时，应回答“请进”或到门口相迎，客人进屋，主人应放下手中的工作，起身热情迎接。待客应让座、敬茶。

④男女生之间要文明交往、举止得体。与他人交谈时应避免不礼貌的口头语，应注意谈吐文明，措辞文雅，行为雅观。

⑤尊重外地人，遇有问路人，认真指引。尊重他人的人格、宗教信仰和民族习惯，维护国家荣誉和学校形象，遇见外宾，以礼相待，不卑不亢。

七、信息网络行为规范

①遵守宪法的基本原则和相关法规的规定，不散布、传播谣言，不浏览、发布不良

信息。

②弘扬优秀民族文化，遵守网络道德规范，诚实友好交流，不侮辱、欺诈和诽谤他人，不侵犯他人的合法权利。

③自觉维护公共信息安全，维护公共网络安全，不制作、传播计算机病毒，不非法侵入计算机信息系统，自觉维护网络秩序。

④正确运用网络资源，善于网上学习，不沉溺于虚拟时空，不在网上进行色情活动，保持身心健康。

⑤增强自我保护意识，不在网上公开个人资料，不随意约见网友，不参加无益于身心健康的网络活动。

八、其他公共场所行为规范

①观看电影、演出，应准时入场，对号入座。如果迟到，询问排号要低声，穿过座位时应躬身并表示歉意。做文明观众，严禁起哄滋事。

②乘公共交通工具应主动购票，给老、幼、病、残、孕妇及师长让路、让座，不争抢座位。

③遵守交通规则，注意交通安全，不违章骑车，穿过马路必须走人行横道，并注意往来车辆。

④遵守公共秩序，按顺序购票、购物，对营业人员有礼貌。

⑤参观博物馆、纪念馆要遵守秩序，未经同意，不可触摸设备和展品。瞻仰烈士陵墓应保持肃穆。

⑥爱护公共设施、文明古迹。爱护庄稼、花草、树木。保护有益动物。

⑦节制浪费，穿戴整洁，朴素大方。

⑧见义勇为，对违反社会公德的行为要进行劝阻。

第八章　大学生资助政策简介

第一节　国家高校学生资助政策简介

国家在高等教育本专科阶段建立起新生入学资助项目、国家助学贷款（包括校园地国家助学贷款和生源地信用助学贷款）、国家助学金、国家奖学金、国家励志奖学金、勤工助学、师范生免费教育、退役士兵教育资助、基层就业学费补偿国家助学贷款代偿、应征入伍服义务兵役国家资助、直招士官国家资助、其他资助等多种形式有机结合的高校家庭经济困难学生资助政策体系（图8-1）。

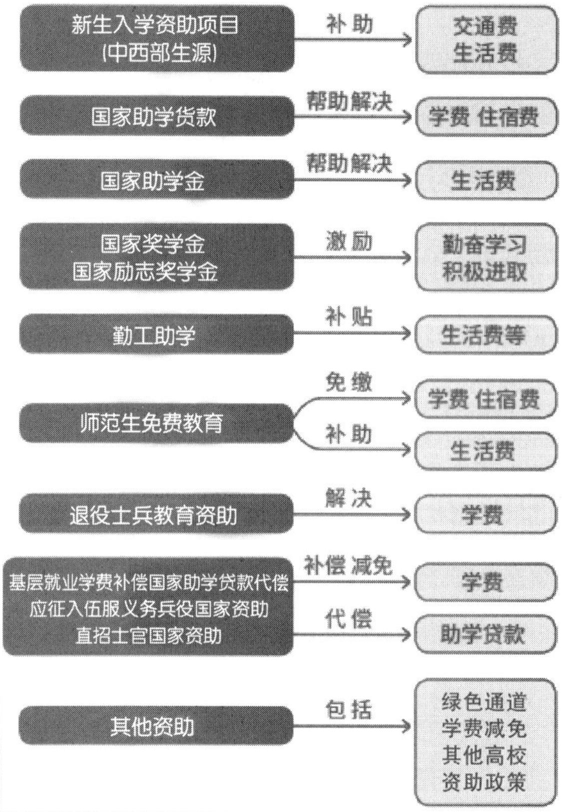

图8-1　高校学生资助政策体系

入学时，家庭经济特别困难的新生，如果暂时筹集不齐学费和住宿费，可通过迎新系统“绿色通道”办理快速入学报到手续，入校后再向学校申报家庭经济困难贫困生认定，由学校核实认定后采取不同措施给予资助。各项政策主要内容如下：

一、新生入学资助项目

中西部生源的家庭经济困难新生可申请入学资助项目，解决入校报到的交通费和入学后短期生活费。就读本省院校的新生每人可获资助 500 元，就读省外院校的新生每人可获资助 1 000 元。学生可向当地县级教育部门咨询办理。中西部地区包括：河北省、山西省、内蒙古自治区、吉林省、黑龙江省、安徽省、江西省、河南省、湖北省、湖南省、广西壮族自治区、海南省、重庆市、四川省、贵州省、云南省、西藏自治区、陕西省、甘肃省、宁夏回族自治区、青海省、新疆维吾尔自治区（新疆生产建设兵团）。

二、国家助学贷款

国家助学贷款是由政府主导，金融机构向高校家庭经济困难学生提供的信用助学贷款，在一定程度上帮助贫困学生缓解学费和住宿费经济压力。国家助学贷款利率执行中国人民银行同期公布的同档次基准利率，不上浮。借款学生在校期间的国家助学贷款利息全部由财政支付，毕业后的利息由借款人全额支付。为鼓励金融机构承办国家助学贷款的积极性，建立贷款风险分担机制，财政（高校）对经办银行给予一定的风险补偿。国家助学贷款是信用贷款，学生不需要办理贷款担保或抵押，但需要承诺按期还款，并承担相关法律责任。

按照学生申办地点及工作流程不同，国家助学贷款分为校园地国家助学贷款与生源地信用助学贷款两种模式。全日制普通本专科生在同一学年不得同时申请获得校园地国家助学贷款和生源地信用助学贷款，只能选择申请办理其中一种贷款。

（一）校园地国家助学贷款

校园地国家助学贷款是家庭经济困难的全日制普通高校本专科生（含高职生）、第二学士学位学生和研究生，通过本校学生资助部门向经办银行申请办理的国家助学贷款。本专科生每生每年最高不超过 8 000 元。校园地国家助学贷款期限原则上按学制加 13 年确定，最长不超过 20 年。学生在校及毕业后 3 年期间为偿还本金宽限期，偿还本金宽限期结束后，由学生按借款合同约定，分期偿还贷款本息。目前，江西省高校尚未开通校园地国家助学贷款。

（二）生源地信用助学贷款

生源地信用助学贷款是家庭经济困难的全日制本专科生（含高职生）、第二学士学位学生和研究生（研究生原则上申请办理校园地国家助学贷款），通过户籍所在县（市、区）的学生资助管理机构申请办理（有的地区直接到相关金融机构申请）的国家助学贷款。学生和家长为共同借款人，共同承担还款责任。本专科生每生每年最高不超过8 000元。生源地信用助学贷款期限原则上按学制加13年确定，最长不超过20年。学生在校及毕业后3年期间为偿还本金宽限期，偿还本金宽限期结束后，由学生和家长（或其他法定监护人）按借款合同约定，按年度分期偿还贷款本息。

三、国家助学金

国家助学金是为了体现党和政府对普通本科高校、高等职业学校和高等专科学校家庭经济困难学生的关怀，由中央与地方政府共同出资设立的，用于资助家庭经济困难的全日制普通本专科（含高职、第二学士学位）在校学生的助学金。主要帮助解决家庭经济困难的全日制普通高校本专科（含高职、第二学士学位）在校学生的生活费用开支。

国家助学金的资助对象为家庭经济困难的全日制本专科生（含预科生），资助面平均约占全国普通高校全日制本专科（含预科）在校生总数的30%，平均资助标准为每生每年3 300元，具体标准由各高校在每生每年2 200～4 400元范围内自主确定，可以分为2～3档。

同一学年内，申请并获得国家助学金的学生，可同时申请并获得国家奖学金或国家励志奖学金。试行免费教育的教育部直属师范院校师范类专业学生，不再同时获得国家助学金。

四、国家奖学金

国家奖学金是为了激励普通本科高校、高等职业学校和高等专科学校学生勤奋学习、努力进取，在德、智、体、美等方面全面发展，由中央政府出资设立的奖励特别优秀学生的奖学金。奖励特别优秀的二年级以上（含二年级）的全日制普通高校本专科（含高职、第二学士学位）在校生。国家奖学金每年奖励6万名学生，每生每年可获得8 000元。学生无论家庭经济是否困难，只要符合规定条件，均可获得国家奖学金。

同一学年内，获得国家奖学金的家庭经济困难学生可以同时申请并获得国家助学金，但不能同时获得国家励志奖学金。试行免费教育的教育部直属师范院校师范类专业学生符合规定条件的，同样可以获得国家奖学金。

五、国家励志奖学金

国家励志奖学金是为了激励普通本科高校、高等职业学校和高等专科学校的家庭经济困难学生勤奋学习、努力进取，在德、智、体、美等方面全面发展，由中央和地方政府共同出资设立的，奖励资助品学兼优的家庭经济困难学生的奖学金。奖励资助品学兼优、家庭经济困难的二年级以上（含二年级）的全日制普通高校本专科（含高职、第二学士学位）在校生。国家励志奖学金资助面平均约占全国全日制普通高校本专科（含高职、第二学士学位）在校学生总数的3.3%，每生每年可获得5 000元。

同一学年内，申请国家励志奖学金的学生可以同时申请并获得国家助学金，但不能同时获得国家奖学金。试行免费教育的教育部直属师范院校师范类专业学生不再同时获得国家励志奖学金。

六、勤工助学

勤工助学是指学生在学校的组织下利用课余时间，通过自己的劳动取得合法报酬，用于改善学习和生活条件的社会实践活动。学生参加勤工助学不应当影响学业，原则上每周累计不超过8小时，每月累计不超过40小时。学生参加校内固定岗位的勤工助学，其劳动报酬由学校按月计算。每月40个小时的酬金原则上不低于当地政府或有关部门制定的最低工资标准或居民最低生活保障标准，可以适当上下浮动。学生参加校内临时岗位的勤工助学，其劳动报酬由学校按小时计算。每小时酬金原则上不低于12.5元。学生参加校外勤工助学的酬金标准不低于学校所在地政府或有关部门规定的最低工资标准，具体数额由用人单位、学校与学生协商确定，并写进聘用协议。

七、师范生免费教育

从2007年秋季入学的新生起，国家在北京师范大学、华东师范大学、东北师范大学、华中师范大学、陕西师范大学和西南大学六所教育部直属师范大学实行师范生免费教育。免费教育师范生在校学习期间，免除学费、住宿费，并补助生活费。

八、退役士兵教育资助

从2011年秋季学期开始，对退役一年以上，考入全日制普通高等学校（包括全日制普通本科学校、全日制普通高等专科学校和全日制普通高等职业学校）的自主就业退役士兵，根据本人申请，由政府给予教育资助。

对应征入伍服义务兵役、招收为士官、退役后复学或入学的高等学校学生实行学费补偿、国家助学贷款代偿、学费减免。学费补偿或国家助学贷款代偿金额，按学生实际缴纳的学费或获得的国家助学贷款（包括本金及其全部偿还之前产生的利息，下同）两者金额较高者执行；复学或新生入学后学费减免金额，按高等学校实际收取学费金额执行。学费补偿、国家助学贷款代偿以及学费减免的标准，本专科生每生每年不超过

8 000 元，研究生每生每年不超过 12 000 元。超出标准部分不予补偿、代偿或减免。

九、基层就业学费补偿国家助学贷款代偿

国家对自愿到中西部地区和艰苦边远地区基层单位就业、服务期达到 3 年以上（含 3 年）的中央高校应届毕业生，实行学费补偿或国家助学贷款代偿，本专科生每生每年不超过 8 000 元，研究生每生每年不超过 12 000 元。毕业生在校学习期间每年实际缴纳的学费或获得的国家助学贷款低于补偿代偿标准的，按照实际缴纳的学费或获得的国家助学贷款金额实行补偿代偿；毕业生在校学习期间每年实际缴纳的学费或获得的国家助学贷款高于补偿代偿标准的，按照标准实行补偿代偿。

地方所属高等学校毕业生基层就业学费补偿国家助学贷款代偿，按各省（自治区、直辖市）有关规定执行。目前，江西省专科院校毕业生尚无此项政策。

十、应征入伍服义务兵役国家资助

国家对应征入伍服义务兵役的高校学生，在入伍时对其在校期间缴纳的学费实行一次性补偿或获得的国家助学贷款实行代偿；应征入伍服义务兵役前正在高等学校就读的学生（含按国家招生规定录取的高等学校新生），服役期间按国家有关规定保留学籍或入学资格，退役后自愿复学或入学的，国家实行学费减免。学费补偿、国家助学贷款代偿及学费减免的标准，本专科生（含第二学士学位、高职学生）每生每年不超过 8 000 元。学费补偿、国家助学贷款代偿和学费减免的年限，按照国家对本科、专科（高职）、研究生和第二学士学位规定的相应修业年限据实计算。

十一、直招士官国家资助

从 2015 年起，国家对直接招收为士官的高等学校学生施行国家资助，入伍时对其在校期间缴纳的学费实行一次性补偿或对其获得的国家助学贷款实行代偿。学费补偿或国家助学贷款代偿的标准，本专科生（含第二学士学位、高职学生）每生每年不超过 8 000元。直接招收为士官的高校学生国家资助的年限，按照国家对本科、专科（高职）、研究生和第二学士学位规定的相应修业年限据实计算。

十二、其他资助

（一）绿色通道

为切实保证家庭经济困难学生顺利入学，教育部、国家发改委、财政部规定各全日制普通高等学校都必须建立“绿色通道”制度，即对被录取入学、家庭经济困难的新生，学校一律先办理入学手续，然后再根据核实后的情况，分别采取不同办法予以

资助。

（二）学费减免

国家对公办全日制普通高校中家庭经济特别困难、无法缴纳学费的学生，特别是其中的孤残学生、少数民族学生及烈士子女、优抚家庭子女等，实行减免学费政策。具体减免办法由学校制定。

（三）其他高校资助政策等

各高校利用自有资金、社会组织和个人捐赠资金等，设立奖学金、助学金；对发生临时困难的学生发放特殊困难补助等。

第二节 国家中职学生资助政策简介

中等职业学校是指政府有关部门根据国家有关规定批准设立并备案，实施中等学历教育的各类职业学校，包括公办和民办的普通中专、成人中专、职业高中、技工学校、职业技术学院附属的中专部和中等职业学校等。

国家在中等职业学校建立了以国家助学金、国家免学费、国家奖学金为主，学校和社会资助及顶岗实习等为补充的学生资助政策体系。各项政策主要内容如下：

一、国家助学金

中央和地方政府共同设立国家助学金，资助对象是具有中等职业学校全日制正式学籍一、二年级在校涉农专业学生和非涉农专业家庭经济困难学生，资助标准为每生每年2 000元。

江西省非涉农家庭经济困难学生比例按一、二年级在校生人数的15%确定。江西省罗霄山区集中连片特困地区（包括莲花县、赣县、上犹县、安远县、宁都县、于都县、兴国县、会昌县、寻乌县、石城县、瑞金市、南康市、遂川县、万安县、永新县、井冈山市、乐安县17个县市）中等职业学校农村学生（不含县城）全部纳入享受国家助学金范围。

二、国家免学费

国家对公办中等职业学校全日制学籍一、二、三年级在校生中农村家庭经济困难学生、城市家庭经济困难学生及涉农专业学生免除学费（艺术类相关表演专业学生除外），免学费标准按各省（区、市）人民政府及其价格主管部门批准的学费标准确定。

对在政府职业教育行政管理部门依法批准的民办中等职业学校就读的一、二、三年级符合免学费政策条件的学生，按照当地同类型同专业公办中等职业学校免学费标准由财政给予补助。江西省免学费补助资金由各级财政共同分担，中央财政统一按照每生每年2 750元的标准与地方财政按比例分担，其中，生源地为西部地区的，中央与地方分担比例为8∶2；生源地为其他地区的，中央与地方分担比例为6∶4。地方负担部分，按照学校隶属关系由省和市（县、区）财政分级负担，其中，省属学校全部由省财政负担；市（县、区）属学校由省财政和市（县、区）财政按6∶4比例分担。

江西省城市家庭经济困难学生比例按在校城市学生的10%确定。

三、国家奖学金

中职国家奖学金由中央财政出资设立，用于奖励中等职业学校（含技工学校）全日制在校生中特别优秀的学生。每年奖励20 000名学生，奖励标准为每生每年6 000元。财政部会同中央主管部门根据各省（自治区、直辖市、计划单列市）中等职业学校全日制在校生人数等因素分配中等职业教育国家奖学金的名额。学生无论家庭经济是否困难，只要符合规定条件，均可获得国家奖学金。

四、奖学金

地方政府、相关行业、企业安排专项资金设立中职学生奖学金。

五、学校减免学费等

中等职业学校每年安排一定的经费，用于国家免学费政策之外的学费减免、勤工助学、校内奖学金和特殊困难补助等。

六、其他形式资助鼓励和支持

社会团体、企事业单位以及个人资助中职学校家庭经济困难学生。

第三节　江西应用技术职业学院学生资助政策简介

一、本校学生资助体系概要

“不让一个学生，因家庭经济困难而失学！”是国家对家庭经济困难，自强不息的青年学子的郑重承诺。江西应用技术职业学院致力于关注、关爱贫困学子的人文关怀，依据上级有关的资助政策文件要求，学校建有完善的奖、助学资助体系，获奖、助学金学生数占在校生总数40%以上，中国传统佳节对学生的节日慰问补助高达100%（见表8-1）。

表8-1 江西应用技术职业学院奖助学金情况一览表

序号	名称	获得条件	标准（元/年）	人数（人/年）	负责部门
1	国家奖学金	获优秀学生奖学金、品学兼优	8 000	5－8	生资助管理中心 0797－8326557
2	国家励志奖学金	家庭贫困、品学兼优	5 000	300－350	
3	国家助学金	家庭贫困	2 000－4 000	2 300－2 500	
4	中职国家免学费	农村学生（含县镇）、城市家庭经济困难学生	按照物价部门批准的学费标准执行	1 300－1 400	
5	中职国家助学金	连片特困地区学生、非连片特困地区户籍家庭经济困难学生	2 000	500－600	
6	中职国家奖学金	优秀学生	6 000	1－2	
7	优秀学生奖学金	德智体全面发展	500－1 800	1 800－2 000	
8	“贵和”奖学金	品学兼优、特长明显	3 000	50	
9	“励行”校友奖学金	家庭贫困、品为兼优	3 000	10	
10	学生勤工助学基金	家庭贫困	2 500	100－200	
11	贫困生学费减免	家庭贫困	1 000－5 000	80－100	
12	学生临时困难补助	学期内家庭突发经济困难	100－600	500－700	
13	国家生源地信用助学贷款	家庭贫困	1 000－8 000	不限	
14	应征入伍服兵役学生资助	应征入伍学生学费补偿或助学贷款代偿、退役复学（入学）学生学费减免	不高于8 000	不限	
15	毕业生一次性求职补贴	我校应届困难毕业生	1 000	不限	0797－8326576（毕业生一次性求职补助）
16	国家级竞赛获奖学生奖励	国家级的职业院校技能大赛、数学建模、“互联网＋”获奖学生	1 500－30 000	不限	职业技能培训鉴定中心 0797－8326256
17	合作班企业奖学金	各类合作办学班优秀学生	以企业设置为准	以企业设置为准	企业、学院（部）
18	“追梦”校友创业基金	在校学生创业项目通过评审	不限	不限	教务处 0797－8326621
19	端午、中秋节慰问品	全体学生	不低于18	全体在校生	后勤管理服务中心

备注：①更多学生资助资讯请关注“应用学工微信公众号：jxyyjszyxyxgb”

②学生资助咨询QQ群：600036247，应征入伍学生资助QQ群：324678786

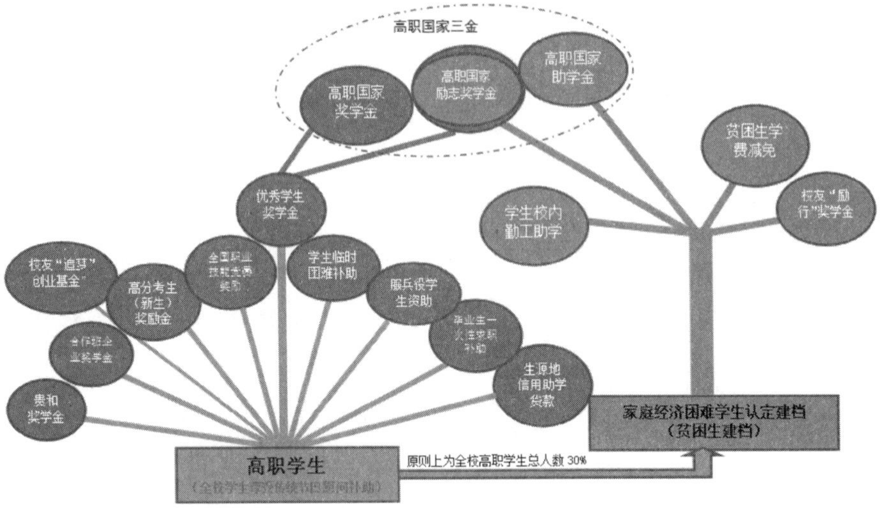

图 8-2　江西应用技术职业学院（高职）学生资助项目

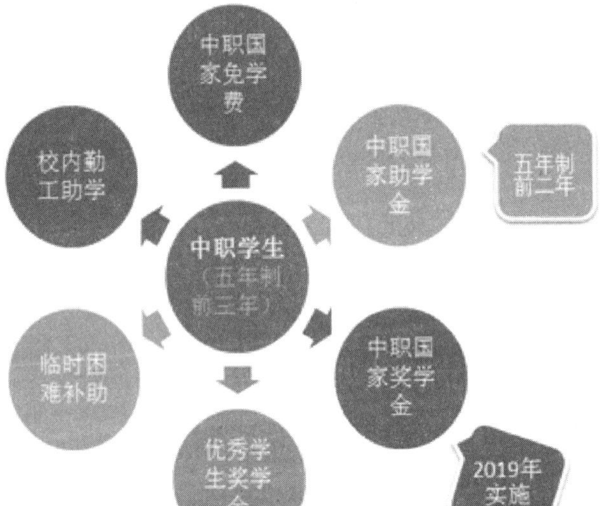

"奖、助、勤、补、免"等多元混合资助

注：五年一贯制学生，前三年为中职学籍阶段，享受国家中职资助和校内资助政策，后两年为高职学籍阶段与三年制高职学生享受同等的国家和校内资助政策。

图 8-3　江西应用技术职业学院（中职）学生资助项目

特别申明：因国家资助政策性强，每年对学生的资助类型、资助资金、资助条件和范围等规定变化较快，我校将根据上级文件精神对学生资助政策进行动态调整，具体以学校正式文件通知为准。